梯航百货万国商

海上丝绸之路货币与贸易（泉州）

QUANZHOU AND THE MARITIME SILK ROAD: A HISTORICAL STUDY OF MONETARY SYSTEMS AND TRADE

主编 李冀平

副主编 陈东方 李玉昆

社会科学文献出版社
SOCIAL SCIENCES ACADEMIC PRESS (CHINA)

《梯航百货万国商——海上丝绸之路货币与贸易（泉州）》编委会

顾　问：杨　君　陈鹏鹏

主　编：李冀平

副主编：陈东方　李玉昆

编　辑：汪秋火　张　星　黄清海　王丽明　陈小茜

序一
周卫荣

2016年9月，中国钱币学会在泉州召开"丝绸之路货币与贸易"全国学术研讨会时，我曾跟中国人民银行泉州市中心支行和泉州钱币学会的同志谈起，我们应该办一个海上丝绸之路货币与贸易方面的展览，以引导公众"以史解今"理解当下我国的"一带一路"倡议。时隔一年，泉州钱币学会联合泉州海外交通史博物馆，不仅设计出了展览，同时，配合展览还编撰了《梯航百货万国商——海上丝绸之路货币与贸易（泉州）》，这很有意义，值得称道。

"海上丝绸之路"是古代具有深远影响的商贸活动。早在2000多年前，我国东南沿海的徐闻港和合浦港就开启了对外贸易之门。唐以后，广州、宁波（明州）、泉州（刺桐）相继发展为对外开放的主要贸易港口。宋元时期，泉州对外贸易达到鼎盛，海上交通畅达二洋，成为与埃及亚历山大港齐名的世界第一大港口，与近百个国家和地区进行商贸往来；中国的丝绸、瓷器等通过泉州港源源不断运往海外，而波斯、阿拉伯世界的香料、珠宝等由此进入中国。明以后，因朝廷推行海禁政策，泉州的对外贸易逐渐走向衰落。15世纪地理大发现之后，兴起了全球贸易，随着贸易的转型，澳门、广州、漳州（月港）、安平港等地的海上丝绸之路贸易又有新的发展，特别是在隆庆开关之后，中国与世界的贸易，尤其是与欧洲的贸易迅速发展，并由此迎来了白银贸易的全盛时代，通过海上丝绸之路，欧洲、美洲以及日本的白银源源不断流向中国，对中国的经济社会、货币体系产生重大而深远的影响。

中国古代社会长期使用铜钱，这一方面是资源因素，另一方面，也是经济因素和文化因素所决定。中国古代白银产出很少，而铜铁资源丰富，再加上农耕社会自给自足的经济特点和青铜文化的深远影响，中国的货币从它诞生之时就选择了青铜作为主体货币（或本位货币），同时，传承了青铜时代的铸造技术，采用模范浇铸工艺制造，并一直延续至19世纪后期西方机制币技术的引入。

随着海上丝绸之路的发展，唐代白银进入货币领域。唐后期，应海上贸易的需要，铸造了五十两重船形银铤，专门用于大宗贸易，这也是中国古代最早的银两货币。宋金时期，随着内外贸易的发展，经济市场化、财富货币化的快速增长，白银在中国实现了从商品到货币的转化，银两不仅用于对外贸易，也用于税赋、贮藏和大额支付，并有了明确的银钱折换和比价关系。元朝，银、钱、钞并行，事实上开启了货币的白银化之路。明朝，伴随着地理大发现，大航海时代的到来，全球贸易迅猛发展，明政府在隆庆元年被迫开关，于是大量白银伴随着海上丝绸之路流入中国，对中国的财政政策和货币体系产生了极其深远的影响——张居正成功推广了"一条鞭法"，白银在中国取得了本位货币地位，不仅用于国际贸易、赋税、贮藏，还用于商品计价和日常支付、流通。

海上丝绸之路也把中国货币和文化带向世界，在东亚、东南亚、南亚、西亚及东非，以及欧洲和拉美等地，都有中国古代钱币的发现。东亚、东南亚及南亚诸国不仅用中国铜钱，而且还仿造中国钱币流通使用。2000余年来，把中国和海外国家与地区连接起来的海上丝绸之路对中国和世界的影响是广泛的，它把万里之遥的国度联系起来互通有无，不仅大大促进了商品流通、经济发展，还有效增进了远隔重洋地区人民彼此之间的了解和友谊，以及文化的交融。

泉州作为古代海上丝绸之路的起点城市，它在宋元中国对外贸易和文化交流繁盛时期所展示的历史，对今天"一带一路"建设具有重要的启示和价值。首先，古泉州刺桐城是一座热爱和平之城，它展示了和平友好的航海贸易、和平友好的对外政策、和平友好的文化交流、和平友好的国际番坊社区以及和平友好的刺桐人民。其次，古泉州刺桐城开创了一条和平友好的航海贸易之路，一条连接东西方的促进共同繁荣发展的国际海上大通道，一条东西方文明和多元文化包容互鉴的对话交流之路。再次，古泉州刺桐城提供了一份不同信仰不同民族不同种族友好相处的独具普遍价值的"刺桐和平精神"遗产。

古泉州刺桐城在海上丝绸之路贸易中所带来的丝路文化遗产和宝贵的海上丝绸之路精神遗产，特别是它所展示的与海上丝绸之路沿线各国人民和平友好的贸易往来和不同文化之间和平友好的交流对话，正是今天新丝路所提倡的，也是举办海上丝绸之路货币与贸易展及编辑出书的目的意义所在。

当下，由习近平总书记提出的"一带一路"倡议，正有序推进，并已得到了大多数"一带一路"沿线国家的积极响应，这对世界经济的发展、人民福祉的提升，构建"人类命运共同体"，必将发挥积极作用，产生深远影响。

时值"十九大"胜利召开，我国进入中国特色社会主义新时代之际，此书的出版，也是泉州钱币学会贯彻落实"十九大"精神的重要举措。

中国钱币博物馆馆长　周卫荣
二〇一七年十一月三日

PREFACE

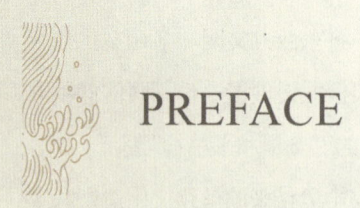

In September 2016, Monetary Systems and Trade on the Maritime Silk Road, a national academic conference organized by the China Numismatic Society was held in Quanzhou. During the conference, I met with people from the Bank of China Quanzhou City Center Branch and the Quanzhou Numismatic Society, and we discussed the need for an exhibit on currency and trade on the Maritime Silk Road, which we believed would help the public better appreciate the significance of the "Belt and Road Initiative" through the lens of history. A year later, the Quanzhou Numismatic Society and the Quanzhou Maritime Museum Fujian not only jointly curated the exhibit but also compiled *Quanzhou and the Maritime Silk Road: A Historical Study of Monetary Systems and Trade*. A notable achievement indeed.

The Maritime Silk Road is constitutive of a vast and rich trove of international commerce and trade activities in ancient times that have left an indelible mark on human history. Use for these purposes began as far back as more than two thousand years ago at Xuwen Port and Hepu Port on China's southeastern coast. Since the Tang dynasty, port cities such as Guangzhou, Ningbo (aka Mingzhou), and Quanzhou (aka Zayton) have one after another grown into important international trading hubs. During the Song and Yuan dynasties, with its trading capacities rendering accessible locations along the coasts of the Pacific and the Indian Oceans, Quanzhou reached its Golden Age and became a world-class port city in the same league as Alexandria of Egypt. It was a bustling place through which vast quantities of silk and China bound for the overseas market and spices and jewelry coming into China from places such as Persia and the Arab world passed. All told, trade between China and nearly one hundred countries and regions around the globe happened in or through Quanzhou over this period. Under the Ming government's severe restrictions on trade, however, Quanzhou was set on a course of gradual decline. Following the discovery of the New World in the fifteenth century global trade entered a new era of rapid growth and transformation. Foreign trade over maritime routes began to thrive again in Macao, Guangzhou, Zhangzhou (Port of Yue) and Port of Anping, among other places. Growth of China's international trade, especially with Europe, accelerated since the Longqing reign of the Ming dynasty. Most notably, trade in silver in particular reached unprecedented scale. The vast influx of the metal originating from Europe, the Americas and Japan had significant and long-term consequences for China's economy, society and monetary system.

Copper was the material of choice for a very long time in ancient China for making coins. Resource availability was one reason, but there were also economic and cultural factors. Silver mining and production was extremely limited. By contrast, copper was abundantly available. Given the particular needs of an agriculture-based subsistence economy, and the profound legacy of the Bronze age, copper was China's default choice for standard money since coinage first appeared. Traditional casting methods remained little changed for millennia, and only gave way to mechanized minting in the late 19th century when associated technologies from the west became available in China.

One consequence of the brisk growth of trade along the Maritime Silk Road during the Tang dynasty was the beginning of silver coinage. In late Tang, boat-shaped silver bullions with a total weight of 50 *liang* were produced to meet the growing needs of maritime trade. They were used only for trading commodities. In fact, these were the first silver currency used in China. During the time of Song and Jin, expanding domestic and foreign trade facilitated marketization and boosted the monetization of wealth. Once a commodity in its own right, silver became increasingly used as a medium of exchange, i.e., a form of currency. Nor was the use of silver coinage confined to overseas trade, it was also widely used for purposes ranging from tax payment, savings and transfer of funds in large amounts. Exchange rates and principles of change were established for them in relation to paper currency. The simultaneous circulation of silver coinage, copper coinage and paper currency during the Yuan dynasty would eventually lead to silver's dominance in the Chinese monetary system. The discovery of the New World and the rise of circumnavigation played a key role in the rapid growth of global trade during the Ming dynasty. The attendant influx of silver into the country had profound ramifications for its fiscal policies and monetary system in years to come. The tax reform implemented by Zhang Juzheng (in which silver was uniformly adopted as the single instrument for all different forms of tax payments), provided a most powerful testament to the establishment of the supremacy of silver as the monetary metal of reference. It became the currency of choice for not only international commercial transactions, tax payment, and savings but also price calculation and daily expenditure.

The Maritime Silk Road also helped to expand ancient China's cultural footprint, especially for Chinese coinage. Coin specimens originating in China have been found in many locations around the world, including those in East, Southeast, South and West Asia, East Africa, Europe and Latin America, among others. Not only were genuine Chinese copper coinage used in countries in some East, Southeast and South Asian countries, imitation coins were also minted. One can hardly overstate the impact of the Maritime Silk Road over two millennia on China and the rest of the world. In addition to facilitating the circulation of goods and boosting economic growth, by encouraging cultural exchange it also did much to help people around the world get to know one another.

As the starting point inside China of the Maritime Silk Road, the city of Quanzhou has a good deal of valuable experience in trade and cultural exchange, especially during the Song and Yuan dynasties, from which we can learn as we endeavor to implement the "One Belt One Road" initiative. Three points are particularly worth noting. First, Quanzhou, known as Zayton in ancient times, was peace-loving, and everything the city and its people did in their interactions with people from other parts of the world was a testimony to that fundamental fact. Secondly, Zayton was in the vanguard of the Chinese people's centuries-long effort to build maritime trade routes that are predicated on peace, promote shared prosperity and advance mutual understanding. Thirdly, the experiences of Zayton prove beyond any doubt that differences in core beliefs, ethnic identities and cultural traditions are no obstacle to people building friendships and bonding in solidarity.

Zhou Weirong

Director, China Numismatic Museum

November 3, 2017

序二
李国强

《梯航百货万国商》一书拟出版修订版，主编李冀平先生嘱写几句话，以为序言。我主要从事海疆问题研究，虽因研究需要涉及一些古代海洋及航海问题，但终究不是这一领域的专门家。然却之不恭，就将自己阅读、学习有关中国古代海洋及海上贸易论著时的一些想法，结合《梯航百货万国商》书稿内容，谈几点粗浅的认识。

一般观点认为中国主要还是一个大陆国家，自古至今，内陆是历代王朝统治的中心。暂且不论此论是否全面，但这并不说明中国古代海洋活动的贫乏。中国沿海贝丘、贝冢的发现，远古时期贝币的使用，造船及航海技术的演化进步，沿海地区的生活习俗及信仰等，都在说明很早的时候中国的先民已有活跃的海洋活动，甚至有些时候则有在当时可能是"世界级"的大规模海洋活动。海上丝绸之路之形成、发展，既是中国很早就有活跃的海洋活动为之提供了条件，同时也是中国很早以前就有活跃的海洋活动的一个明证。在中国古代的很多时候，与陆路丝绸之路相对应的海上丝绸之路，是与域外交往的一个重要通道，甚至在隋唐以后的一些时期可能是一个主要的通道。当然，明、清两代因统治者的"海禁"政策，中国的海洋活动尤其是中国与域外的海上交通时断时续，有时几乎停滞，除郑和下西洋、隆庆开海、明末清初郑氏集团的东西洋贸易外，为数不多的外国来航者如明代的大帆船贸易、来自日本的"勘合"贸易船、清代的来自西洋的十三行贸易等，维系着中国与域外的海上交流。

然而，历史上的这些情况并没有得到广泛的介绍和传播，至少做得还很不够，因而有"大陆国家"这样较为普遍的说法。因此，对于包括"海上丝绸之路"在内的中国古代的海洋活动、海洋文明，我们应给予高度的重视，进一步展开深入的研究，同时在普及层面广泛传播中国古代的海洋活动、海洋文明，让一般公众了解历史上"海洋中国"的情况。

具体到海上丝绸之路研究，应该说既有成果不少，尤其是"一带一路"倡议提出、国家海洋发展战略的制定，这方面的研究成果更是不断涌现。然而，总的感觉概念性、总括性的论述多而具体的、专题性的论述则远远不够，论述贸易者多而旁及文化、思想、艺术、技术等的则很少，往往是一带而过。即使是论述贸易，也是定性者多而缺少定量研究。就此而言，海上丝绸之路研究尚需进一步深化。"丝绸之路"、"香料之路"、"茶叶之路"等固然反映了海上丝绸之路的贸易属性，但是仅仅是"贸易之路"似不能全面反映"丝路"之意义和价值。事实上，"丝路"不仅仅是贸易之路，或者说随贸易而来的不只是商品，文化、宗教、习俗等等随之而来，泉州多种宗教遗存即从一个侧面反映了这种情况。因此，目前我们需要多角度、多侧面地对海上丝绸之路展开进一步的深入研究，既要对其展开总体性的研究，更要就某一侧面、某一专题展开深度探讨，如此方能揭示海上丝绸之路丰富的内涵。

此外，海上丝绸之路呈现的可能只是海上的往来，但"丝路"的兴起与发展需要诸多其他方面的条件，如造船技术、航海技术、外销商品制造技术、食物储藏技术等。要之，茫茫大海，惊涛骇浪，没有足够坚固的船只，没有测定方向的技术技能，是不可能在海上航行的，更不可能远航海外。唐代鉴真大和尚东渡日本传经送宝，六次泛海东渡，前五次均以失败告终，第六次才踏上日本国土。可见航海之不易。同样，唐代来中国的日本遣唐使，也是多有磨难，因海上风浪而船毁人亡者不在少数。还有，统治者的政策亦是一个重要方面，多数时候甚至直接决定了海上丝绸之路的畅通与阻绝。因此，研究海上丝绸之路，也必须对这些海上航行的必要条件同时加以研究，方能更全面地了解不同时期海上丝绸之路的兴衰起伏。

《梯航百货万国商》介绍隋唐以降中国"海上丝绸之路"的情况，并以泉州为中心，以传世、出土的各国各地货币来展示当时频繁、活跃的中外海上往来的盛况，是一种很好的形式。既有总括性的论述，也有专门问题的探讨；既有一定的研究深度，也有较好的可读性，对于我们了解历史上的海上丝绸之路很有帮助。希望我们学界能够有更多这样的论著面世，推动中国的海上丝绸之路和悠久的中华海洋文明研究的不断深化，也为大众提供更多的了解海上丝绸之路的有益读物。

是为序。

中国边疆研究所党委书记，研究员　李国强

二〇一八年十一月十六日

PREFACE

Mr. Li Jiping, who edited *Quanzhou and the Maritime Silk Road: A Historical Study of Monetary Systems and Trade* asked me to write a few words by way of preface for the updated edition. While I have, as part of my own research, which has mostly been in the area of maritime frontiers, done some work related to ancient maritime and seafaring issues, I am by no means an expert on them. Still, I have decided to oblige, instead of disappointing by turning down the request. I shall attempt to do no more than offering a few reflections on the subject matter dealt with in these pages, drawing largely on what I have learned, limited as it is, over the years about maritime trade in ancient China.

China is commonly regarded as a country territorially defined by vast spans of continental landmasses. Since ancient times, and quite consistently, the seat of political power has been located in inland areas. Whether or not one believes this [geographical] characterization [of the country as a whole] to be accurate, it must nonetheless be acknowledged that there was anything but a dearth of maritime activities by the Chinese people since the earliest of times. In fact, abundant archeological evidence, including remnants of shell middens discovered in China's coastal waters, as well as historical documents, such as those attesting to the use of shells as a form of currency in antiquity, developments in shipbuilding technologies and seafaring capabilities, and the way inhabitants of coastal regions lived exist that show beyond any doubt that the Chinese people have long been actively engaged with the seas. It may even be fair to say that there were periods in history during which China could claim to be something of a maritime "superpower'. This vibrant relationship provided the necessary material preconditions for the Maritime Silk Road to emerge and to grow. Conversely, the existence of the Maritime Silk Road constitutes indisputable proof of the endurance and fruitfulness of that relationship.

Time and again the Maritime Silk Road, much like the land-based trade route of the same name, played a crucial role in connecting China proper with the outside. Especially after the Sui and Tang dynasties, it may have at times functioned as the primary passageway. During the Ming and Qing dynasties, however, when the regimes imposed measures proscribing maritime trade, China's maritime activities suffered serious disruptions, and were at times on the brink of a complete halt. Some commercial activities did take place, notably in association with the Zheng He-led maritime expeditions, lifting of the ban by Ming emperor Longqing on international maritime trade, and operations in late-Ming and early-Qing of the large commercial fleets headed by Zheng Zhilong (aka Nicholas Iquan Gaspard). But aside from these, China's international maritime commerce in this period was reduced to little more than a trickle, which came in the forms of inbound shipments of goods on junks and of tributes from Japan during the Ming dynasty and, during the Qing dynasty, freight delivery by ships from the West that were specially authorized by the imperial court.

This part of China's history remains, unfortunately, little known, certainly not nearly as much as it deserves, which partly explains why when people think of China today they still mostly think of a territorial formation dominated by land. This underscores the need to take seriously the study of China's maritime history, including that of the Maritime Silk Road. In addition to more research, greater efforts should be made to educate the general public about the country's maritime credentials.

Thanks in no small part to the introduction of the Belt and Road Initiative and the national strategy for maritime development, academic studies of the Maritime Silk Road have been quite productive and yielded voluminous output. But much is wanting in terms of quality. Research findings tend to be long on conceptual analysis and broad generalizations while short on in-depth discussions of specific issues and topics. The number of studies focusing on trade far exceeds the number of those that look at – more often than not in passing only even when they do– such issues as culture, thoughts and ideas, the arts and technologies. The majority of published works on trade offer qualitative analysis and quantitative studies are few and far between. Clearly, ample room exists for improvements. That it made possible trades in such things as silk, spices and tea across vast distances does not mean, however, that the Maritime Silk Road was merely a trade route. In fact, its significance went far beyond the importation of material goods, which brought with them many other things that also mattered, including culture, religion and practices, i.e., ways of doing things. The co-existence of different religions in the city of Quanzhou illustrates this well. Future studies in this area should be, I believe, not only greater in depth but also broader in scope, i.e., more multi-dimensional. A full appreciation of the magnitude and impact of ancient China's maritime engagements is only possible by combining broad-strokes and granular details.

Of course, many conditions have to be met for those activities linked to the Maritime Silk Road that took place in the coastal waters and on the high seas to be materially possible. These include sophisticated technologies and strong capabilities in shipbuilding, seafaring, food storage, and manufacturing of exported goods. Needless to say, chief among them is a country's shipbuilding and navigation prowess: sturdily built ships and sound navigation equipment and technologies were the *sine qua non* for long-haul maritime travels. How treacherously dangerous and difficult these journeys could be is brought home by the fact that it took the Tang dynasty monk Jianzhen, who had been tasked with bringing Buddhist scriptures and other valuables to Japan, six tries to finally reach its shores. His first five attempts at the crossing all ended in failure. Japanese envoys faced similar challenges. Many perished during their ill-fated journeys to China during the Tang dynasty. The policy perspective is also a crucial one: the stance of the imperial rulers on the matter was often an important factor determining if maritime activities over the passageway were facilitated or obstructed. A careful study of all these issues is necessary for a thorough understanding of the history of the Maritime Silk Road.

Quanzhou and the Maritime Silk Road: A Historical Study of Monetary Systems and Trade offers readers a rich historical account of the Maritime Silk Road since the Sui and Tang dynasties. The city of Quanzhou takes center stage in this well-told story, and effective use is made of historical currencies from different places around the world to paint a picture with vivid details of the vibrant maritime scene in these times. Combining broad-stroke narratives and in-depth discussions on specific topics, and striking the right balance between scholarly rigor and accessibility, the volume is a valuable addition to the reading list of anyone trying to understand better its subject matter. Academics, researchers and the general readers all stand to benefit from more books like this that both inform and inspire about not just the Maritime Silk Road but more broadly, the country's past, present and future maritime glory.

Party Committee Secretary, Researcher, Institute of Chinese

Borderland Studies

Li Guoqiang

November 16, 2018

序三

谢寿光

宋元泉州，在10~14世纪世界海洋贸易中达到繁盛，被誉为"东方第一大港"。在两位著名的旅行家马可·波罗和伊本·白图泰笔下，泉州刺桐港停泊的商船"风帆遮天蔽日，货物堆积如山"，即便埃及亚历山大港也难与之媲美。南宋宗室、泉州市舶司提举赵汝适，亲历走访在泉州刺桐港贸易的海商，编著成《诸蕃志》，收集整理与泉州开展贸易的58个国家风土和物产；元代中国航海家汪大渊两度从刺桐港出发远航，用亲身经历，写就《岛夷志略》，涉及98个国家和到过的200多个地方的地理、风土、物产。彼时的泉州是"清源舶司所在，诸蕃幅辏之所"，不仅是中国重要的对外贸易港口，也是当时的"世界商埠"，成为世界的海洋商贸中心。

这一时期的"海上丝绸之路"，亦被称为"海上陶瓷之路""海上香料之路"，它所呈现的各得其所、互惠互利的自由航海贸易，推动了沿线经济的繁荣发展，丰富了沿线各国人民的物质和文化生活，实实在在地增进了各国人民的福祉。不同国家的商旅云集于此，多元文化也在此交融，呈现出东西方文明交流、对话、共荣发展的和谐景象，带给各国人民共享人类精神和物质文明的丰硕成果，成为人类追求文化包容、民族共存、合作共赢的共同记忆。

2021年，"泉州：宋元中国的世界海洋商贸中心"项目在联合国教科文组织第44届世界遗产大会上通过审议，成为新的世界遗产，也是中国的第56项世界遗产。作为世界海洋商贸中心的杰出范例，泉州不仅展现了当时中国完备的海洋和平贸易制度体系、领先世界的经济水平以及多元包容的文化态度，还展现了支撑海洋贸易的先进货币体系，成为中华海洋物质文明、精神文明和制度文明的代表城市。

社会科学文献出版社于2017年出版了图书《梯航百货万国商——海上丝绸之路货币与贸易（泉州）》，2018年修订再版。该书以历史货币为视角，通过解读货币的形制、图案、文字和所承载的社会、经济、文化和科技等历史信息，再现"涨海声中万国商"的繁荣景象。通过这本书，读者可以了解到，这一时期的海上丝绸之路贸易中充当货币的，不仅有空前繁荣发达、广受沿线国家地区欢迎的硬通货——中国铜钱，也有人类史前便已出现、仍在沿线沿用的天然货币——货贝。来自欧洲的商旅可以使用本国的银币在泉州自由地购买商品，更令当时欧洲人惊叹的还有中国发明的纸币，它在泉州受到法令保护，比金银更受民间欢迎。中国的纸币不但可以在中国境内流通，而且在沿线国家也可以按照一定的比率与当地货币兑换使用。与此同时，来自不同国家地区的货币在海上丝绸之路贸易中共同流通，促进了各国货币文化的交流发展，形成各具特色又兼容发展的海上丝绸之路货币文化，这些都在书中留下了令人难忘的历史印记。

海上丝绸之路和宋元泉州的货币记忆，不仅保存在古籍中，还以货币实物的形式遗存至今。《梯航百货万国商——海上丝绸之路货币与贸易（泉州）》一书，用文字和图片的形式，尽可能详尽地收集和整理，历史脉络清晰，可读性强，容易为社会公众所理解和接受。不仅如此，该书分析归纳出当时中国已形成了最为领先、最为包容、最为完整的海上丝绸之路货币体系，对启示当今国际货币体系的构建和发展，也具有重要的价值意义。

在社会科学文献出版社出版的众多有关海上丝绸之路的书籍中，该书具有独特的历史文化价值，为泉州申遗作出积极的贡献。该书的出版得到各方面的大力支持，在此对该书出版给予倾力支持的各方面人士表示诚挚的感谢！

该书在"一带一路"倡议 10 周年之际再版，既是 21 世纪海上丝绸之路核心区先行区建设的有益学术课题成果，也是进一步推动"一带一路"国际文化交流和传播世界海洋和平贸易世遗价值的一件十分有意义的事。主编李冀平先生是我相交多年的挚友，在本书再版之际应邀写下上述文字，是为序。

中国出版协会副理事长、云南大学特聘教授，

社会科学文献出版社原社长　谢寿光

二〇二三年十二月十八日

PREFACE

During the Song and Yuan dynasties, roughly from the 10th to 14th centuries, Quanzhou (aka Zayton) reached its pinnacle in global maritime trade, earning it the reputation as "the largest port of the East". According to descriptions by Marco Polo and Ibn Battuta, two world-renowned travellers, the sails on commercial ships docking at Quanzhou port were so numerous and densely packed against one another they blocked the sun and the wares they carried so voluminous they piled up into mountains. Even Egypt's Port of Alexandria was no match. Zhao Rushi, a member of Southern Song Dynasty's royal family and supervisor of Maritime Trade Bureau of Quanzhou, wrote *Zhu Fan Zhi*, based on his visits with maritime merchants conducting business at the Quanzhou port. The book contains records of the folkways and local products of the 58 countries that traded at the port. Wang Dayuan, the acclaimed Yuan traveller and navigator, set sail from Quanzhou for his two major sea voyages. Based on his travels, Wang wrote *Dao Yi Zhi Lüe*, which covers the geography, folkways and local products of the 200 places in 98 countries that he had visited. At the time, Quanzhou was where "the Maritime Trade Bureau of the Qingyuan county was located, and where [people from] different countries congregated". Not only was it an important port for China's foreign trade, it was also a "port for the world", a center for global maritime trade.

The "Maritime Silk Road" of this period is also known for its pivotal role in the ceramic and spice trade. The free maritime trade it enabled or otherwise facilitated benefitted all parties, promoted economic prosperity along the route, enriched the material and cultural lives of the people from participating countries and led to substantial improvements in their well-being. Merchants who travelled here from different countries brought diverse cultures together, thereby promoting exchange, dialogue and common prosperity between Western and Eastern civilizations, and leaving behind shared memories of humanity's pursuit of cultural inclusiveness, ethnic co-existence and win-win collaboration, as well as a rich legacy of material and spiritual treasures.

In 2021, "Quanzhou: Emporium of the World in Song-Yuan China" was officially inscribed on the World Heritage list at the extended 44th session of the World Heritage Committee, making it China's 56th World Heritage item. As an exemplar of global maritime trading hub, Quanzhou not only showcases the thorough system of maritime peace and trade China had at the time, the country's highly developed economy relative to the rest of the world and its cultural diversity and inclusiveness, but it also boasts an advanced currency system that supported maritime trade. All of this makes Quanzhou an embodiment of China's maritime material civilization, spiritual civilization and institutional civilization.

In 2017, Social Sciences Academic Press published *Quanzhou and the Maritime Silk Road: A Historical Study of Monetary Systems and Trade*. A revised edition was published in 2018. The book seeks to capture the vibrant scene of "ten thousand merchants from around the world gathering amidst the roar of the rising sea" through the lens of currencies throughout history, by examining their shape and format, print design, inscription and what historical information they reveal about the society, the economy, the culture, and science and technology. The reader will learn that copper coins, a highly developed form of hard currency that was very popular among the Maritime Silk Road countries were by no means the only type in use at the time. Shell middens, which had been used since prehistoric times, were also still widely in circulation. Merchants from Europe were able to use silver coins from their own countries to purchase goods in Quanzhou. Paper money, a Chinese invention and the object of even greater awe for the Europeans, was protected by law in Quanzhou, and preferred by local residents to gold or silver coins. Chinese paper money was in circulation not only within China, but could also be exchanged with local currency at the appropriate rate in countries along the Silk Road. The simultaneous use of these different forms of currency from different countries and regions facilitated the exchange and development of the numismatic culture in these countries, and formed a distinct Maritime Silk Road numismatic culture characterized by its diversity. The reader will find unforgettable accounts of all these and more in this book.

Memories of the currencies used on the Maritime Silk Road and in Quanzhou of the Song-Yuan period are found not just in ancient books and historical documents, but also in the form of artifacts. *Quanzhou and the Maritime Silk Road: A Historical Study of Monetary Systems and Trade* presents a thoroughly curated and rigorously researched collection of both textual and visual materials that brings the trajectory of historical development into sharp focus, is highly readable and accessible to the general public. In addition, through its meticulous analysis the book arrives at the conclusion that China had helped create a Maritime Silk Road currency system that was unrivaled in terms of its sophistication, inclusiveness and thoroughness. This analysis can also inform current efforts to build and develop an international currency system.

Among the many titles on the Maritime Silk Road published by Social Sciences Academic Press, this one is unique in terms of its historical cultural value, and it also played its part in putting Quanzhou on the World Heritage list. A great debt of gratitude is owed to all those whose support made the publication of this book possible. Thank you!

Reprinting this book at the ten-year mark of the announcement of the launch of the "Belt and Road Initiative" is particularly significant. On one hand, it is a valuable piece of academic output borne of the construction of the vanguard [city] of the 21st century Maritime Silk Road core area. On the other hand, it is an important part of the continuing effort to promote international cultural exchange and the dissemination of peaceful maritime trade through the Belt and Road Initiative. Chief editor of the volume Li Jiping asked if I could pen a preface for this reprint, I hereby gladly oblige.

Xie Shouguang

Vice-chair of Board of Directors, Publisher Association of China,

Professor by Special Appointment, Yunnan University

Former President, Social Sciences Academic Press

December 18, 2023

前　言

"海上丝绸之路"是中国与外国贸易往来和文化交流的海上大通道，包括东海航线和南海航线，是迄今所知最为古老的海上航线。历史证明，它是一条自由商贸之路、和平发展之路，也是一条东西方文明对话、互学互鉴之路。它推进了人类文明进步，促进沿线各国繁荣发展，是东西方交流合作的象征，也是世界各国共有的历史文化遗产。

泉州是"海上丝绸之路"的重要起点之一，从唐到宋元时期，泉州的海外通商贸易繁盛长达400年，12～14世纪，更被誉为"东方第一大港"。文化的相互尊重和包容已沉淀为泉州这座城市永远的精神特质。今天的泉州，海上丝路遗迹随处可见，其中就包含了大量与海上丝路贸易相关的中外货币，它们的存在表明：由古及今，海上丝绸之路既是一条贸易之路，也是一条货币之路。货币，不仅是交易通货，也承载着技术与文化，它们传播了不同地区间的文明，见证了当时贸易与交往的盛景，蕴含着极为丰富而重要的历史文化信息。

在此，让我们重新认识这些海上丝路货币以及相关文化遗存的历史，追忆当年沿线各国在海上丝绸之路贸易中和平共荣的盛景。

FOREWORD

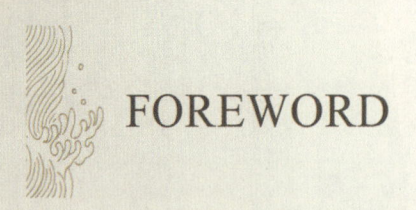

The Maritime Silk Road constitutes a major highway on the seas that played a historically significant role in enabling and promoting commercial and cultural exchanges between China and the rest of the world. It first began to form during the Qin and Han dynasties, saw rapid development during Tang and Song, and underwent transformation during Ming and Qing. The Maritime Silk Road is made up of two routes, one going through the East China Sea and the other the South China Sea, and is the oldest of all maritime shipping routes. It has been instrumental in developing commerce, keeping peace, spreading wealth, and promoting cultural exchange and the progress of civilizations. In it we find a powerful symbol of cooperation between East and West, and a cultural heritage that belongs not to any one country but to humanity as a whole.

As one of the Chinese cities from which the Maritime Silk Road starts, Quanzhou enjoyed more than four centuries of robust foreign trade between the 12th and 14th centuries, spanning Tang, Song and Yuan dynasties. Its reputation as "the Largest Port in the East" is nothing if not well-earned. One of the long-lasting legacies for the city from such rich experience is the strong spirit of mutual respect and inclusiveness that forms an integral part of its identify today as a glittering modern metropolis. Material evidence for the city's glorious past as a key point on the Maritime Silk Road is ubiquitous in Quanzhou, among which is a plethora of both Chinese and foreign coinage once used in trade on the Maritime Silk Road. They speak volumes of the important historical fact that for centuries the Maritime Silk Road was an international venue for not only global commerce but also monetary development. Coinage, as a form of currency, is more than a means for trade and exchange, it is also the embodiment of culture and technology, bearing witness to the interactions among different regions. As such, they are an invaluable source of information, understanding and knowledge about history.

We hope this book offers readers an opportunity to take a closer look at this history, and in doing so, be reminded of and take renewed pride in China's remarkable contributions to international peace and shared prosperity.

目录

第一章　五铢随想——海上丝绸之路的兴起与发展　/ 001

第二章　刺桐帆影——东方第一大贸易港　/ 011
第一节　唐五代刺桐城的海外贸易　/ 013
第二节　外国人笔下的泉州港　/ 016
第三节　"市井十洲人"　/ 020
第四节　《诸蕃志》《岛夷志略》与泉州　/ 035
第五节　安平商人与海上丝路贸易　/ 037

第三章　沉船出水——造船技术与贸易货物　/ 041
第一节　泉州湾沉船　/ 043
第二节　"南海一号"沉船　/ 050
第三节　南海西沙"华光礁1号"沉船　/ 052
第四节　新安沉船　/ 054

第四章　海外通货——海上丝路贸易中的货币体系　/ 057
第一节　香料和瓷器的货币功能　/ 059
第二节　"异域"货贝的流通　/ 064
第三节　铜钱的外流　/ 065
第四节　金银铜等货币角色　/ 069
第五节　市舶银铤与关税　/ 073
第六节　中国纸币流通与对外贸易影响　/ 077

第五章　怀柔远人——郑和下西洋与朝贡贸易　/ 083
第一节　海上丝路航线上的永乐通宝　/ 085

第二节	从西洋买到的金锭	/ 087
第三节	郑和与泉州	/ 089

第六章　白银帝国——白银流入与中国白银货币化　　　　　　　　　　　／093

第一节	早期中国的白银货币化进程	/ 095
第二节	大帆船时代西方银元的流入和流通	/ 097
第三节	郑芝龙、郑成功与东西洋贸易	/ 101
第四节	泉州商人与大帆船贸易	/ 103
第五节	外来钱币衍生饰品	/ 107
第六节	近代中国机制银币的诞生和发展	/ 112

第七章　云集景附——中国货币文化影响下的东方货币体系　　　　　　／117

第一节	日本货币	/ 119
第二节	高丽货币	/ 122
第三节	越南货币	/ 125
第四节	琉球货币	/ 129
第五节	柬埔寨货币	/ 133
第六节	印度尼西亚货币	/ 134
第七节	海上丝路沿线国家发现中国古代钱币的记载	/ 136

第八章　侨乡信汇——侨批上的货币档案　　　　　　　　　　　　　　／139

参考文献　　　　　　　　　　　　　　　　　　　　　　　　　　　　／167

后　记　　　　　　　　　　　　　　　　　　　　　　　　　　　　　／168

再版后记　　　　　　　　　　　　　　　　　　　　　　　　　　　　／170

TABLE OF CONTENTS

Chapter One The Maritime Silk Road: Emergence and Development / 001

Chapter Two Zayton: The Largest Trading Port in the East / 011
- I Foreign Trade in Zayton, 907-960 / 013
- II The Port of Quanzhou in the Eyes of Foreigners / 016
- III A Thriving Metropolis / 020
- IV *Zhu Fan Zhi, Dao Yi Zhi Lüe* and Quanzhou / 035
- V Merchants from Anping and Intercontinental Commerce / 037

Chapter Three Shipbuilding Technology and the Trading of Goods / 041
- I The Ships of Quanzhou Bay / 043
- II The Sinking of "Nanhai One" / 050
- III The Sinking of "Huaguangjiao One" near Xisha Archipelago / 052
- IV The Sinan Shipwreck / 054

Chapter Four Trading with Other Countries: The Currency System Formed through the Maritime Silk Road Trade / 057
- I The Utility of Spices and Ceramics as Forms of Currency / 059
- II Shell Middens from "Foreign Land" / 064
- III Outflow of Copper Coinage / 065
- IV The Role of Gold, Silver and Copper as Forms of Currency / 069
- V Silver Bullions and Tariffs / 073
- VI Overseas Circulation of Chinese Paper Money / 077

Chapter Five　The Zheng He Expeditions and China's Tributary Trade　/ 083
I　　Yongle Tongbao Coin and the Maritime Silk Road　/ 085
II　　Gold Bullions Bought from the West　/ 087
III　　Zheng He and Quanzhou　/ 089

Chapter Six　The Influx of Silver and Its Rise as a Monetary Metal　/ 093
I　　The Rise of Silver as a Monetary Metal in Ancient China　/ 095
II　　The Age of Galleon, and the Inflow into and Circulation inside China of Silver Coinage from the West　/ 097
III　　Zheng Zhilong, Zheng Chenggong and Intercontinental Commerce　/ 101
IV　　Merchants from Quanzhou and Galleon Commerce　/ 103
V　　Foreign Coinage in China and Their Ornamental Usage　/ 107
IV　　The History of Mechanized Minting of Silver Coinage in Modern China　/ 112

Chapter Seven　China's Impact on Monetary Systems of the East　/ 117
I　　Monetary System in Japan　/ 119
II　　Monetary System in Korea　/ 122
III　　Monetary System in Vietnam　/ 125
IV　　Monetary System in the Ryukyu Kingdom　/ 129
V　　Monetary System in Cambodia　/ 133
VI　　Monetary System in Indonesia　/ 134
VII　　Documented Discoveries of Chinese Coinage along the Maritime Silk Road　/ 136

Chapter Eight　Archival Records in Correspondence from Overseas Chinese　/ 139

Postscript　/ 168

第一章 五铢随想

海上丝绸之路的兴起与发展

海上丝绸之路兴盛之前，关于海上贸易可见的最早文字是《汉书·地理志》记载的"徐闻、合浦航线"。通过海上丝路贸易，中国输出丝绸、陶瓷器、铜铁器、漆器、茶叶、中药及棉布等，换回珠宝、象牙、琥珀、玛瑙和香料、苏合油以及奇珍异兽等物品。早期海上丝绸之路贸易的方式主要是以物易物，但货币作为商品交换的媒介，不可避免地会出现在贸易过程中。考古资料表明，在朝鲜、韩国、越南以及东南亚等都出土有中国的方孔圆钱，如两汉时期的五铢，王莽时期的货泉、大泉五十等铜钱。相应的，在中国的广东英德、江苏南京等地区的南朝墓葬中也出土了萨珊、卑路斯银币。货币的使用为海上丝路贸易提供了极大的便利，促进了商品贸易的发展。到唐代，海上丝绸之路贸易兴起，中国的圆形方孔铜钱在海外贸易中得到广泛接受和认可，甚至被许多沿线国家仿制，影响深远。

● 五铢钱在海上贸易流通中的作用

西汉时期，南方南越国与印度半岛之间海路已经开通。汉武帝灭南越国后凭借海路拓宽了海上贸易规模。《汉书·地理志》记载，其航线为：从广东徐闻、广西合浦出发，经南海进入马来半岛、暹罗湾、孟加拉湾，到达印度半岛南部的黄支国和已程不国，即今斯里兰卡。这是目前所见关于南海、印度洋航路的第一个较完整的记录。此航线以斯里兰卡为中转点，中国的丝绸（杂缯）等由此转运到罗马等地，同时，商船在此处购得珍珠、璧琉璃、奇石异物等回返。

有商品交换，就会产生货币交易。海上贸易推动了早期东西方货币跨地域交流。尽管此时的贸易方式以物物交换为主，但汉代五铢钱已开始担起此间贸易中流通货币的职能。考古资料显示，在广西沿海和雷州半岛以及越南东山等地区的汉代墓葬中出土有半两、五铢钱、王莽钱等，同时墓中还伴出土琉璃、玛瑙、水晶等物品，验证了文献记载的中外海上贸易兴起发展的事实。

秦始皇统一中国后，规定秦半两为国家法定货币，这种圆形方孔的铜钱成为中国延用2000年的钱币形制。汉代初期，沿用秦朝半两钱的形制，但在钱重上进行了数次调整，最终于汉武帝元狩五年（前118年）以"五铢"为文开铸新钱，结束了半两钱130多年的行用史，开启了我国古代货币史的五铢钱时代。五铢钱初期允许郡国共铸，元鼎四年（前113年），武帝禁止郡国和私人铸钱，将铸钱权收归中央，由上林三官铸标准五铢，又称为"上林三官五铢""三官钱"或"上林钱"，同时销废各种旧币。之后的东汉、蜀、魏、晋、南齐、梁、陈、北魏、隋等朝代均有铸造使用五铢钱。五铢钱的行用历史长达700余年，是我国历史上使用时间最长的货币，直至唐开元通宝的推行，才逐渐被宝文钱取代了货币的主导地位。

榆荚半两（西汉）

汉高帝元年至五年（前206年~前202年），汉高祖刘邦以秦钱重不便使用为由，将秦时半两的法定重量12铢减为3铢，币面仍铸"半两"，并允许地方及民间自由鼓铸。因钱小，故时称"榆荚半两"或"荚钱"。"榆荚半两"版式复杂，大小悬殊，流通后致使物价腾涌。

八铢半两（西汉）

汉高后二年（前186年），吕后仍铸"半两"，并不允许民间私铸。因钱重改为8铢，故称"八铢半两"。

四铢半两（西汉）

汉文帝五年（前175年）再次调整"半两"钱重量，允许民间铸钱，钱重4铢，故称"四铢半两"。邓通因铸钱而富可敌国。景帝中元六年（前144年）因吴楚七国之乱，收回"四铢半两"铸造权，由官府垄断铸币权，不准私人铸钱。

郡国五铢（西汉）

元狩五年（前118年），汉武帝废弃半两钱，以"五铢"为文铸钱。因允许郡国铸新钱，故称"郡国五铢"。

上林三官五铢（西汉）

元鼎四年（前113年），汉武帝禁止郡国和私人铸钱，将铸钱权收归中央，由中央造币机构上林三官铸标准五铢，又称为"上林三官五铢""三官钱"或"上林钱"，同时销废各种旧币。

更始五铢（东汉）

更始帝刘玄废除王莽的货布、货泉，恢复使用五铢钱，并于更始二年（24年）开铸五铢钱。

建武五铢（东汉）

建武十六年（40年），光武帝所铸新钱。

常平五铢（两晋南北朝）

直百五铢（三国蜀）

刘备于建安十九年（214年）始铸，"五铢"为小篆，而"直百"为隶书，是隶书首次在钱文上的应用。

沈充五铢（两晋南北朝东晋）

又称"沈郎钱"，东晋沈充所铸，属私铸钱，钱文不见著录。

隋五铢（隋）

隋文帝为促进经济的恢复和发展，统一东汉年末以来混乱的货币制度，下诏废除北周、北齐旧钱，统一铸行新的五铢钱，因终隋一代专用五铢钱，故统称隋五铢。

隋朝除禁止旧钱流通外，还大规模销毁旧钱，改铸新钱，才使隋五铢成为当时流通的主要货币。为加快币制统一，朝廷在京师和各州关隘、关口用新铸的五铢钱立榜置样，检查来人携带钱币，后人将初铸的隋五铢称为"置样五铢"。

经过汉初近90年的探索与实践，创设五铢钱不仅加强了中央对全国经济的管理，为汉朝国力的强盛奠定了基础，也因五铢钱技术先进，大小轻重适宜，标准一致，极大地便利了贸易交往，沿用长达700多年，被历史证明是中国古代最为成功的货币形制之一。

五铢钱也因信誉良好、币制先进和铸造工艺成熟，而被广泛认可和接受，大量流通到陆上丝绸之路沿线国家地区，甚至随海上贸易流通到东亚、东南亚、南亚等国家和地区，促进了早期中国与西域国家的贸易往来、经济发展与文化交流。在今天的新疆各地，时常有五铢钱发现，中亚的乌兹别克斯坦、哈萨克斯坦、阿富汗，以及东南亚的柬埔寨、泰国、越南，南亚印度和斯里兰卡等国家也发现过中国的五铢钱。部分丝绸之路沿线国家不仅流通中国五铢钱，还仿制五铢钱铸造本国货币，如西域古龟兹王国（以今新疆库车绿洲为中心），在公元1世纪开始铸造使用"汉龟二体五铢"钱，亦为圆形方孔铜钱，钱上铸有"五铢"汉字和龟兹文字。部分丝绸之路沿线国家也使用"铢"作为货币单位，如西域古于阗王国（今新疆和田一带）铸行了的"汉佉二体钱"，钱上铸不仅有佉卢文字，还有汉字篆书"六铢钱"和"重廿四铢"两种；中南半岛的扶南国（今泰国和越南部分地区）铸行带有"五金"或"五五"的货币，也与中国货币钱文习惯类似，直至今日泰国仍将"铢"作为货币单位。

● 宝文钱对海上丝路贸易发展的影响

唐末，西域战火不断，陆上丝绸之路被战争所阻断，伴随着经济重心转移，以及中国造船、航海技术的发展，海上丝绸之路取代陆路成为中外贸易交流主通道。据《新唐书·地理志》记载，唐时东南沿海有一条通往东南亚、印度洋北部诸国、红海沿岸、东非和波斯湾诸国的海上航路，叫作"广州通海夷道"，这是中国对海上丝绸之路的最早叫法。

唐代"中国钱币流入四夷"，促进了中国与西域的贸易繁荣。中国的钱币铸造从唐朝开始逐渐放弃采用平板范（如铜范、石范、泥范、陶范、铁范）竖式浇铸法和叠铸法，而开始改用母钱翻砂铸造工艺，生产效率获得了极大的提高。唐武德四年（621年）始创铸行开元通宝铜钱，不再标注货币本身的重量，而抽象为特定符号。"宝文钱"自此持续了1300多年，对后世货币的发展产生了极为重要的影响，形成了以"圆形方孔"铜钱为代表的、具有东方特色的东方货币体系。海上丝路沿线的国家和地区如朝鲜、日本、琉球、越南、泰国、印度尼西亚等，不但大量流通使用中国铜钱，而且都曾经长期仿照中国货币形制，铸造钱文为汉字的圆形方孔铜钱。

开元通宝（唐代）

唐代以前的货币大多以重量为名，如"半两""五铢""三铢"等，也称"量货币"或"记重钱"。唐武德四年（621年），唐高祖李渊废除行用700多年的五铢钱，铸"开元通宝"，开启了我国古代货币的通宝钱时代。开元通宝不再注货币本身的重量，而抽象为特定符号，符合货币演进的一般规律。这一货币形制延用1300多年，至辛亥革命后，福建、云南还曾试铸"民国通宝"。

乾封泉宝（唐代）

唐朝前期仅铸造了开元通宝和乾封泉宝。乾封泉宝是唐朝第二种钱币，却是唐朝第一种年号钱。虽铸行不到一年就以失败告终，但就此奠定了唐代不因皇帝更迭而另铸新钱的原则，且年号钱的体例却被后世延用。

乾元重宝（唐代）

乾元重宝是唐朝铸造的第三种钱，有"当十"和"当五十"两种币值，是为镇压安史之乱筹集军饷、实行通货贬值政策的产物。"重宝"二字为首次在钱文上使用，自此后世所铸大钱都称"重宝"。

会昌开元（唐代）

开元通宝背面首次出现文字，最早为扬州节度使李绅所铸，背面"昌"表示会昌年号，故称"会昌开元"。之后各地所铸开元通宝均在背面纪本州州名或钱鉴名。

天福元宝（五代十国后晋） 　　周元通宝（五代十国后周） 　　乾德元宝（五代十国前蜀） 　　唐国通宝（五代十国南唐）

五代总共53年，虽长年战乱、政权更迭，但为了显示政权正统性，各国都铸行了货币，其中质量最好的是周元通宝，最劣的是后晋的天福通宝。

第一章　五铢随想

● 海上贸易早期的中国货币

海贝，是中国最早用作流通的原始货币。在许多商周时期的墓葬里，埋有大量的贝壳，先秦礼器铭文中也多有赐贝的记载。汉字中的"货"、"買"、"賣"、"贩"，以及许多与财富和商品交换相关的字，都以"贝"作为部首。随着商品经济的发展，天然的贝壳作为货币渐渐供不应求了，于是出现了人工仿贝，如陶贝、骨贝、铜贝等。秦朝建立后，金属货币取代贝币进入流通领域。而我国云南地区，从春秋晚期直到明末清初，贝币一直是主要的流通货币，使用海贝作为货币的时间长达 2000 多年。

贝币是一种古老的世界性货币，不仅在中国，包括亚洲、非洲、美洲在内的几乎每一块大陆也都发现有贝币。宋代赵汝适所著的《诸蕃志》中就有鹏茄罗（今孟加拉国和印度西孟加拉邦一带）使用贝币的记载："（鹏茄罗）以白矸螺壳磨治为钱"；元代汪大渊所著《岛夷志略》也记载了东南亚、南亚国家使用贝币的情况，如"（针路，今缅甸丹老）贝子通遛，准钱使用。"明代费信著《星槎胜览》中亦有关于暹罗国（今泰国）使用贝币的记载："（暹罗）以贝代钱通行于市，每一万个准中统钞二十四贯"。至近现代，在非洲部分地区，仍有贝币做流通货币使用。

天然贝币（商周时期）

蚌贝（商周时期）

骨贝（商周时期）

商代之前，海贝曾长期被作为装饰品。从商代开始，海贝因大小均匀，可按枚记数，坚固耐久，便于保存和携带，天然具备货币的条件，成为我国最早的货币。

中国是最早使用金属铸币的国家,早在公元前 11 世纪前后的商代后期至西周早期,就出现了仿制天然货贝的铜贝。西周至春秋战国时期,中国货币文化繁荣发展,之后统一于秦朝。金属货币的最早出现和早期货币文化的繁荣,背后反映的是古代中国商业的兴盛和货币经济的早熟。

春秋战国时期(前 770～前 221 年),布币、刀币、圜钱和楚币构成先秦四大货币体系,秦统一中国后,统一币制是一项重要举措,规定"秦半两"为法定货币,这一圆形方孔铜钱样式一直使用到 20 世纪初,对中华货币文化乃至东方货币文化产生了深远影响。"圆形方孔"的货币形制,反映了古人天圆地方的宇宙观。同时,圆形方孔便于生产、加工,且能用绳将其串起,便于携带、流通和储藏,这是在不断的实践中形成的较为科学的钱币制式。

第一章　五铢随想

斜肩弧足空首布(春秋战国时期)

中型耸肩尖足空首布(春秋战国时期)

布币是由农具铲演变而来。"布"是"镈"的同声假字,"镈"是当时农具的名称。空首布是商代中后期至春秋战国时期的青铜铸币,因保留有用来插柄的銎并留有范芯,故称空首布。

齐刀(春秋战国时期)

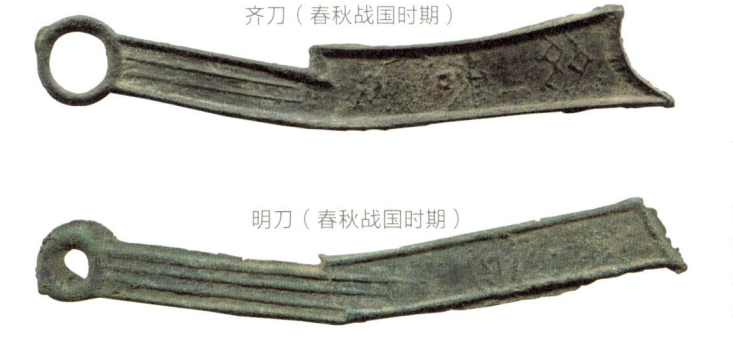

明刀(春秋战国时期)

刀币是由实用工具刀演变而来,主要流通地区在北方和东部从事渔猎的地区,与使用布币的中原农耕地区有所差异。

009

战国半两（春秋战国时期）

秦在统一全国前就已铸行半两钱。

秦半两（秦）

秦在统一全国后，推行了一系列巩固统一、加强中央集权的措施，其中一项重要的内容就是以秦半两钱统一了中国币制。

■ 繁盛的货币文化背后，实际反映的是经济的繁荣和商业的兴盛。唐代，泉州已是我国四大对外通商港口之一，出现"市井十洲人"的盛况。贸易的大发展，必然需要货币的支撑。据《新唐书·地理志》，最早关于福建设立钱监的记载始于唐会昌五年（845年），当时福建钱监是全国23个钱监之一。泉州承天寺永隆通宝铁钱铸钱遗址的发掘，反映了当时泉州是闽国经济中心的地位。福建及泉州的铸钱历史，也印证了唐五代时期泉州海外贸易的繁荣。

中国货币的发展、演进和完善，影响和促进了早期海上贸易，推动了沿线国家经济和文化的发展。如汉代开创的五铢钱，不仅是中国古代最为成功的货币制度之一，也深刻影响了周边国家地区的货币文化。五铢钱曾流通到西域及东南亚地区，还被大量仿制，至今泰国的货币单位"铢"仍然留有五铢钱影响的印记。唐代开元通宝铜钱开创了货币名称由记重向抽象符号的转变，在中国古代币制中持续了1300多年，以其为代表形成了东方货币文化。通宝钱亦被海上丝路沿线国家长期仿制，如今越南货币单位"盾"则是源自汉字"铜"。

历史上，实物货币因不能满足商品经济发展的需要而被金属货币替代，铜铁等贱金属货币也因经济和贸易不断发展，逐渐暴露出单位价值低，难以满足经济发展和交易规模扩大的需求，货币本位向贵金属货币发展是历史的必然规律。以今天的视角看，不同的历史发展阶段都有与当时经济发展水平相适应的货币制度。早期海上贸易以物易物为主、货币贸易为辅，小额货币贸易远比大额货币贸易普遍。到了海上丝绸之路兴起后，中国铜钱很好适应了海上丝绸之路贸易发展的需要，成为使用最广泛的货币。当时，中国货币文化已成熟，具有显著的币制先进性，信誉良好、铸造精致、规格统一等，在促进沿线各国商品贸易上体现了明显优势，因而在海上丝绸之路贸易和各国国内贸易中扮演极其重要的交易媒介角色，成为一种被沿线国家地区广泛接受和欢迎的硬通货。

【第二章】刺桐帆影

东方第一大贸易港

"海曲春深满郡霞，越人多种刺桐花。"唐五代时期，泉州城内外普遍种植一种由东南亚引入的树——刺桐，泉州因此被称呼为"刺桐"城，泉州港别称为刺桐港。

泉州是中世纪我国最重要的对外贸易港埠之一。唐代，泉州已是中国四大对外通商港口之一。从南宋至元代期间，泉州甚至超越广州，成为东方第一大港。数以万计来自波斯、阿拉伯、印度、东南亚以及遥远的欧洲、非洲各地的人们，潮水般涌入这个举世闻名的大都市，各种民族文化、宗教信仰和平相处与相互交融。"夷华杂处，权豪比肩"，中外货物则堆积如山。因丝绸、瓷器、造船和各种日用品均名噪一时，泉州成为名副其实的制造业中心，又因与近百个国家、地区保持频繁的贸易往来，泉州也是当时世界商埠和国际商业中心。

第一节
唐五代刺桐城的海外贸易

西晋末年,八王之乱以及永嘉之乱后,中原地区人口加速南迁。随着中国南方社会经济、文化的发展,泉州港的海外贸易日益繁荣。唐代,泉州成为四大对外贸易港之一,当时泉州港"船到城添外国人"[1],"南海蕃舶"常到,"岛夷斯杂",来泉的外国使臣、商人和传教士日益增多,出现了"市井十洲人"[2]的盛况。为加强对海外贸易的管理,泉州设"参军事四人,掌出使导赞"。唐元和六年(811年),泉州升为上州[3]。唐文宗大和八年(834年),特下令保护广东、福建的外商,规定"除舶脚、收市、进奉外,任其来往通流,自为交易,不得重加率税"。到五代,闽王王审知竭力发展海外贸易,采取各种优惠政策,"招徕海中蛮夷商贸",泉州的海外交通得到进一步发展,番舶往来更加频繁。

五代时期,先后统治泉州的王延彬、留从效和陈洪进,采取促进海外交通和贸易发展的政策。王延彬任泉州刺史"凡三十年,仍岁丰稔,每发蛮舶,无失坠者,人因谓之招宝侍

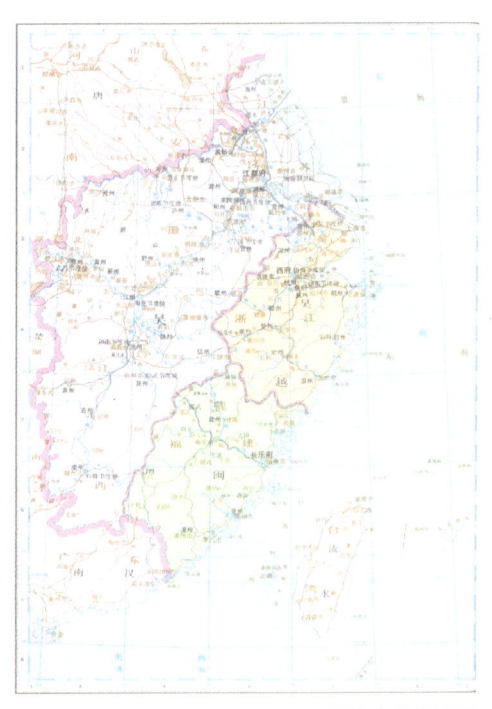

五代十国闽国图

---

[1] (唐)薛能《送福建李大夫》:"秋来海有幽都雁,船到城添外国人。"
[2] (唐)包何《送李使君赴泉州》:"云山百越路,市井十洲人。执玉来朝远,还珠入贡频。"
[3] 朱维干:《福建史稿》上册,福建教育出版社,1985,第123页。

郎",留从效"出自微寒,知人疾苦,在郡专以勤俭养民为务",《清源留氏族谱·鄂国公传》记载,"(在留从效治理泉州时期)陶器、铜铁,远泛蕃国,取金贝而返,民甚称便"。由于海外贸易的发展,泉州设立榷利院作为管理海外贸易的机构。开元寺出土的南唐佛顶尊胜陀罗尼经幢,在官职员名单中就有提到"榷利院使"等名称。

▶泉州开元寺出土的南唐保大四年(946年)佛顶尊胜陀罗尼经幢

经幢八角八面,高120厘米,竖刻76行文字,除主要部分经文外,又刻记施舍建经幢人的姓名,其中有许多地方官员,如"州司马专客务兼御史大夫陈光嗣"、"军事左押衙充海路都指挥兼御史大夫陈匡俊"、"榷利院使刘拯"等。海路都指挥为维护航道安全的军事指挥官,榷利院为管理海外贸易的机构。经幢上的官职,多为史书所缺,可为五代史职官志补白,亦是研究泉州五代时社会经济史、海外贸易史的重要实物材料。[1]

石经幢

▶泉州承天寺出土的永隆通宝钱范

"永隆通宝"是五代十国时期,闽国王延羲永隆四年(942年)铸造的一种大铁钱。20世纪七八十年代,泉州承天寺附近多次出土陶质的永隆通宝钱范。2002年对泉州承天寺后院的考古发掘,不但出土了数以千计的永隆通宝钱范,还发掘出许多块大小不等的红色陶质炉底和炉壁残块,证实泉州是永隆通宝钱的铸造地。出土的永隆钱范系陶质子范,一范一钱,浇铸后废弃。选择用铁铸钱,与当时自然资源和经济特点有关。当时的闽国铁矿资源丰富,

永隆通宝钱范

---

[1] 李玉昆:《泉州佛顶尊胜陀罗尼经幢及其史料价值》,《佛学研究》2000年第9期,第286～290页。

《新唐书·地理志》载：福建九县有矿山，将乐金银铁、尤溪银铁铜……南安铁。泉州采掘业和冶铁业也较为发达，据地方志记载，五代泉州安溪即因"冶有银铁"而由"场"升为"县"。

在与永隆通宝钱范同一文化层中出土了来自波斯的孔雀蓝釉瓶残片，与闽国王延钧妻刘华墓出土的"孔雀蓝釉瓶"之釉色、质地相同。存世的"永隆通宝"铁钱，铸造工艺粗糙，推测可能是一种对外贸易的应急措施，所铸铁钱极有可能大部分流通到境外。五代时，泉州与海外贸易有关的陶瓷业、冶炼业、丝业等，均得到较大发展，在王审邽、王延彬父子的治理下一派繁荣，为古闽国经济、文化重镇，商品贸易发达。铸钱既是商品贸易发展的需要，也反映了当时的泉州作为福建的经济中心之一的地位。

永隆通宝

永隆通宝钱范

1965年福州市北郊闽王延钧妻刘华墓出土波斯孔雀蓝釉陶瓶

承天寺出土的波斯孔雀蓝釉瓶残片

第二节

外国人笔下的泉州港

宋元之际是泉州海外贸易发展最为繁盛的时期，成为中外海上交通的重要枢纽，在马可·波罗游记里，泉州港被誉为东方第一大港。这一时期，中国同世界 90 多个国家有着直接的海上丝路"商贸往来。"苍官影里三洲路，涨海声中万国商。"[1]不只是蕃商汇聚于此，许多西方旅行家也被吸引而来，并留下了有关泉州的生动的记载。

伊本·胡尔达兹比赫（阿拉伯，约 820～912 年），他于 9 世纪中期著《道里邦国志》一书，书里将广州、泉州、扬州并称为唐代主要贸易港。书中记载有阿拉伯经阇婆到中国航程约 90 天，与唐朝贾耽《广州通海夷道》可相互印证。宋元时期的泉州，成为计算我国与世界各地航线里程的起点之一。

马可·波罗（意大利，1254～1324 年），在他的游记中是这样描述这座"宏伟美丽的刺桐城"的："刺桐城的沿海有一个港口，以船舶往来如织"，"刺桐是世界上最大的港口之一，大批商人云集于此，货物堆积如山，买卖的盛况令人难以想象"，"运到那里的胡椒，数量非常可观。但运到亚历山大港供应西方世界各地需要的胡椒，就相形见绌，恐怕不过它的 1% 吧"，"一切生活必需品非常丰富"，他笔下的泉州人"民性和平，喜爱舒适安逸，爱好自由"。游记里还谈到德化的瓷器、永春的白糖和艺精出众的文身技艺。

伊本·白图泰（摩洛哥，1304～1377 年），他以印度苏丹使者的身份来到泉州。他在游记里记载刺桐城："这是一巨大的城市"，"该城的港口是世界大港之一，甚至是最大的港口"。他还记下了驰名中外的刺桐缎和刺桐船，物美价廉的瓷器，以及来自世界各国的大商人。

鄂多立克（意大利，1286～1331 年），意大利方济各会教士，他于 1324～1328 年来到泉州，他的游记里记叙了基督教在泉州传播的情况。鄂多立克对泉州的印象是：

---

[1]（宋）李邴诗中的对偶句："苍官影里三洲路，涨海声中万国商。"

"我来到一个叫刺桐的著名城市","该城市是世界最好的地方之一","此城中有大量各种生活必需品。你用不着花到半个银币便能买到三磅八盎司的糖"。这说明当时泉州是世界大港之一,商品繁多,物美价廉。

马黎诺里(意大利,约1290~?),意大利佛罗伦萨人,是应元顺帝之请,由教皇派出的最后一位出使中国的使节,他于1342年到达大都,三四年后到达泉州。他在《马黎诺里奉使东方录》里记述:"又有刺桐城为大商港,亦面积广大,人口众庶。吾小级僧人在此城有华丽教堂三所,财产富厚。"

这些西方游历家的记叙,为泉州曾经历过的商业上的繁荣、文化上的包容提供了见证。

● 马可·波罗笔下的威尼斯银币与德化瓷杯

1291年,马可·波罗离开中国。作为离开中国前的最后一站,马可·波罗在泉州逗留了一段时间,这里繁荣的贸易、丰富的物产、友好的人民给他留下难以忘怀的印象,并在《马可·波罗游记》中专辟《刺桐城》一章,向世人介绍他在泉州的所见所闻。《游记》中提道:德化瓷器物美价廉,"一个威尼斯银币可以买到8个瓷杯。"马可·波罗回国时,带回德化窑白瓷和色釉小碗多件,至今意大利博物馆还保留一件马可·波罗当年带回的德化家春岭窑的小花插。

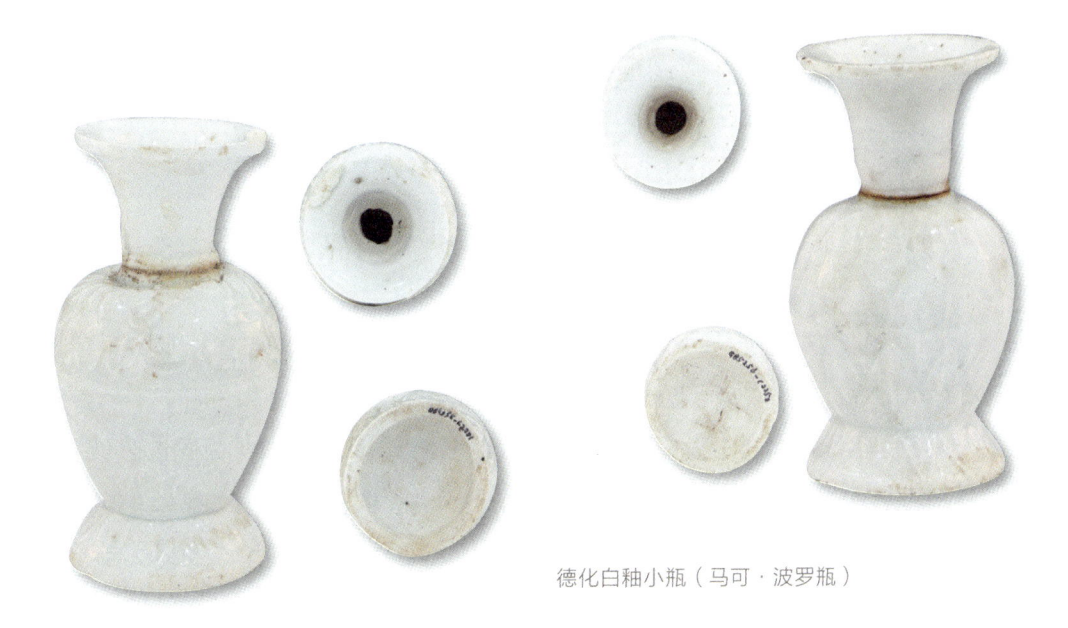

德化白釉小瓶(马可·波罗瓶)

1202年威尼斯开始发行一种大额银币格罗索（grosso），纯度0.965，重2.18克，起初等于24个德涅尔。随后，意大利诸城邦和西欧各国如法炮制，纷纷开始铸造自己的大额银币，与德涅尔的比价也基本固定在1∶12左右。

● 《伊本·白图泰游记》记载的泉州及贸易船舶管理

伊本·白图泰在中国逗留3年多，对元代中国社会的繁荣、进步和稳定非常赞赏。他访问过泉州、广州、杭州和北京，《游记》中对泉州的记载和描述最为详尽。在他看来，泉州的"港口是世界大港之一，甚至是最大的港口"，"港内停有大船约百艘，小船多得无数"。

《游记》说："中国的律例是一只艟克（艟克，一种大的中国船只）如要出海，船舶管理率其录事登船，将同船出发的弓箭手、仆役和水手一一登记，才准拔锚出发。该船归来时，他们再行上船，根据原登记名册查对人数，如有不符唯船主是问，船主对此必须提出证据，以证明其死亡或潜逃等事，否则予以法办。核对完毕，由船主将船上大小货物据实申报，以后才许下船。"

伊本·白图泰塑像

● 雅各笔下的"光明之城"

1271年（南宋咸淳七年）8月25日，一名叫雅各·德安科纳的意大利犹太商人，沿着海上丝绸之路来到中国东南沿海的国际城市——刺桐港（即今泉州市）。

在他笔下，古刺桐繁荣的程度，用"无比"两字修饰当之无愧。刺桐港是世界上最大的港口城市，江面上帆影密布，江岸上人流如潮，来自世界各地的船只为刺桐带来了无比的喧哗和拥挤的交通。无论你遇到过多么拥挤的交通情况，它也无法与刺桐的情况相提并论，而且，"人们能够想象得出的最大的船只，有的有 6 层桅杆，4 层甲板，12 张大帆，可以装载 1000 多人"。

关于刺桐城的贸易，雅各说，在这里做生意的人实在太多，每天都有大量的黄金、白银、银币、纸币在交易，商人们在市场里紧张地做买卖。市场主要分布在城门口，它们相对成熟，形成了专业化的市场规模，有专一的丝绸市场、专一的香料市场，有牛市和车市，也有独立的马市，还有大米市场、肉类市场、水果市场、布匹市场、书籍市场、陶瓷市场、珠宝市场及鲜花市场。这里的商店也数不胜数。"刺桐三盘街，全部出售丝绸，其种类不下 200 种，这种纺织技术是一种奇迹。"他还在货栈看到"五颜六色的丝绸产品，其中包括绿黄相间的丝绸衣料，这种衣料被视为奇物，这种工艺以前在世界各地从未见过。此外还有缎子，它的名字源自刺桐，世界上还没有见过像那样富丽堂皇、缀满小珍珠的缎子。"作坊则是随处可见，工人们大多从事金属制品、瓷花瓶、丝绸、纸张等物品的制造，"用 200 个威尼斯格罗特可购买 600 个制作精美的碗。这种碗像玻璃酒壶一样精致，是世界上最精美的瓷器。瓷器是在作坊中生产的，作坊有数以百计的男女，有的甚至有 1000 人。"

关于在刺桐城生活贸易的人，雅各写道："人群中，不但有土生土长、操着本地口音的泉州人，还有身材高大、头发金黄、高鼻深目的外国人。这些外国人中，有法兰克人、萨拉森人、印度人、亚美尼亚人、犹太人、英国人、黑人。他们来自阿拉贡、威尼斯、热那亚、安科拉、比萨、巴拉士、亚历山大里亚、佛兰芒的布鲁格等地。在刺桐的外国人很多，萨拉森人大概有 15000 多人，犹太人有 2000，在城里能听到 100 种不同的口音，在刺桐的外国人有自己的客栈和仓库。他们分区居住，享有宗教信仰自由，风俗习惯得到尊重，有自己的教堂、学校和墓地。基督教徒经常与偶像崇拜者联姻。在这座城里，他们有自己的客栈和仓库，与本地居民和平相处。"此外还有传教士、医生等。

第三节
"市井十洲人"

中世纪的泉州港，会集了世界各国的商人、旅行家、僧侣等，外国人的进入不仅带来了各种不同的科学技术，也带来了不同的思想文化。宋元时期到泉州进行贸易的外商有阿拉伯人、印度人、波斯人、叙利亚人、欧洲人等，长期的交往，融合出一种互相尊重和包容的文化，奠定了泉州这座城市多元文化的基础。

● 阿拉伯—波斯与泉州贸易

泉州与阿拉伯的友好往来始于唐朝，产生于阿拉伯的伊斯兰教，在唐武德年间（618～626年）就已传到泉州。宋代赵汝适所著《诸蕃志》中较大篇幅介绍大食国（即阿拉伯帝国）的情况，关于前往大食国的航路："大食在泉之西北，去泉州最远。番舶艰于直达，自泉发船四十馀日，至蓝里博易住冬，次年再发，顺风六十馀日方至其国。"

宋元时期，泉州港与埃及的亚历山大港齐名，梯航万国，舶货交集，成为中阿交往的重要窗口，大批阿拉伯、波斯商人因经商贸易而定居泉州，形成著名的"蕃坊"。《诸蕃志》中描述了阿拉伯商人在泉州生活情况："有番商曰施那帏，大食人也。蹻寓泉南，轻财乐施，有西土气习，作丛冢于城外之东南隅，以掩胡贾之遗骸。"泉州的外来侨民中，有所谓"黑白二种"，他们居住的地方，称为"蕃人巷"。他们每年乘大海舶浮海往来，贩运象犀、玳瑁、珠玑、玛瑙、异香、胡椒等物品到泉州。为了加强对"蕃商"的管理，官府设置"蕃长"1人，负责管理"蕃坊公事"，尤其是要"招邀蕃商入贡"，而"蕃官"穿着"巾袍履笏如华人"，可谓入乡随俗了。为满足海外蕃客子弟入学的需要，泉州等地还开设了外国子弟学校"蕃学"。许多蕃客与当地人嫁娶通婚，出现了许多后裔，状貌奇特。

在泉州众多的阿拉伯、波斯人当中，最著名的应推蒲寿庚。南宋景炎初（1276年），他以福建广东招抚使的身份"主市舶"。蒲寿庚拥有大量海舶，"以善贾往来海上，致产巨万，家僮数千"。蒲寿庚长子蒲师文，至元十八年（1281年）为正奉大夫、宣慰使、右都元帅兼福建道市舶提举，他后来晋升为工部尚书、海外诸蕃宣慰使，通道外国，宣抚诸夷。蒲寿庚兄蒲寿晟，咸淳七年（1271年）出任梅州太守，咸淳九年为吉州太守。蒲寿晟有《心泉学诗稿》6卷，近300首诗存世，是一位深受汉族文化熏陶的阿拉伯侨民诗人。此外，在泉州的阿拉伯、波斯人还有很多，如拥有海舶80多艘、珍珠130石，客死泉州由友人安葬的巴林海商佛莲，墓碑上用汉字铭刻"蕃客墓"的埃及人伊卜·阿卜杜拉，元代伊斯兰教圣裔赛典赤·赡思丁之后杜安沙，波斯穆斯林与华人所生的混血儿艾哈玛德，穆斯林大法官塔准丁·艾尔代威里，修建清真寺的也门人奈纳·奥姆尔，归葬泉州的马八儿国王子孛哈里等，不胜枚举。

● 泉州海上丝路遗迹中的伊斯兰文化遗存

中世纪时，穆斯林是中西方贸易中最活跃的商人之一，伊斯兰教伴随海外贸易传入泉州，在文化方面留下深刻的影响。

▶泉州伊斯兰教圣墓与石刻

穆罕默德生前曾有名言："学问虽远在中国，亦当求之。"他在世时，也就是我国的初唐时期，就派穆斯林到中国传教，涉足广州、扬州、泉州等地。宋代，阿拉伯商人多居住在泉州城的南边，去世后则安葬在"（泉州）城外之东南隅"。据何乔远《闽

灵山伊斯兰教圣墓

书》记载，泉州东郊的"灵山圣墓"系两个"默德那国"人的葬地，他们是当地回族人的祖先。默德那国有"吗喊叭德"圣人，就是指穆罕默德，他的门徒中有4位大贤人，早在唐朝武德年间来到中国传教，1个在广州，1个在扬州，另外2个来到泉州，死后葬于此山。相传自从两人葬在这里后，山上夜里放光，乡人很惊异，以为是神灵显应，称之为"圣墓"，意即"西方圣人之墓"。灵山圣墓至今犹存，墓的石廊檐柱为梭柱，是南北朝至初唐流行的柱式，圣墓石廊的其他构件也都十分古朴。

近百年来，在泉州发现大批的各种宗教石刻，其中伊斯兰教石刻有300多方。泉州伊斯兰教石刻数量之多，内容之丰富，是国内其他地方所无法比拟的。尤其可贵的是石刻上阿拉伯文、波斯文的记载，可补史籍记载的不足。它对于研究伊斯兰教的传入及其在泉州的历史，外国穆斯林在泉州的生活、从事的职业及其对社会、经济和海外交通贸易兴衰所起的重要作用，都是珍贵的资料。

1965年，蕃客墓发现于泉州东岳山西坡金厝围东南角，墓碑石为白色花岗石，其上刻有汉字"蕃客墓"及5行阿拉伯文字。据曾任泉州市舶提举、宋绍兴二十一年（1151年）进士的福建侯官人林之奇所撰《泉州东坂葬蕃商记》所载，泉州东岳山东坡曾建"蕃客公墓"，有大食商人施那围创建公墓，"俾凡绝海之蕃商，有死于吾地者，举于是葬焉"。南宋赵汝适的《诸蕃志》也提及此事。

▶清净寺——"艾苏哈卜大寺"

在泉州，阿拉伯人的宗教信仰和风俗习惯也得到充分尊重，在他们聚居的地方相继建造了清真寺。北宋大中祥符二年（1009年），伊斯兰教徒在泉州涂门街建造了一

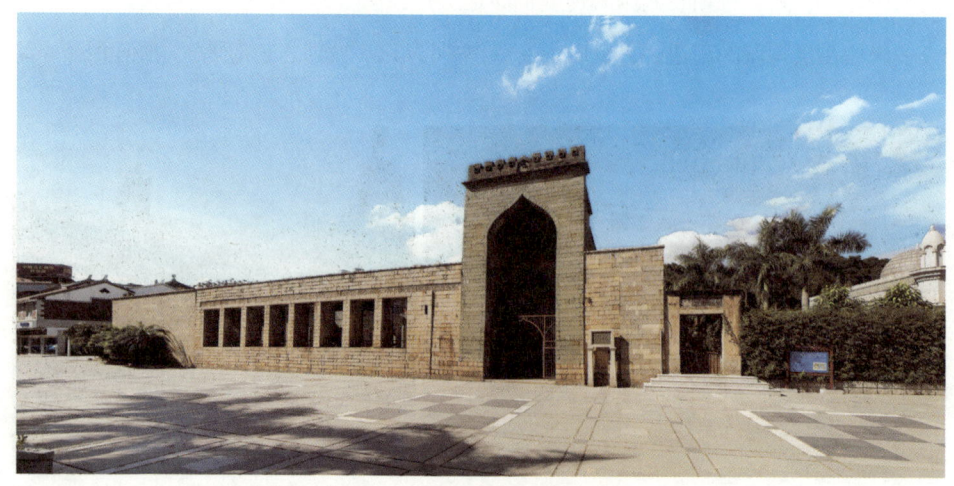

清净寺

座清真寺，其后又陆续建造了多处清真寺。

清净寺，位于泉州市鲤城区，又称"圣友寺"，阿拉伯文音译为"艾苏哈卜大寺"，是中国现存最早的阿拉伯建筑风格的清真寺，1961年被列为第一批全国重点文物保护单位。清净寺始建于北宋大中祥符二年（1009年，回历400年），元、明多次重修扩建。寺是仿照叙利亚大马士革伊斯兰教礼拜堂的形式建筑的，现存门楼、奉天坛、明善堂等。清净寺是中国现存最古老的伊斯兰教寺之一，是我国与阿拉伯各国人民友好往来和文化交流的历史见证，也是泉州海外交通的重要史迹。

▶ 晋江陈埭丁氏宗祠

丁氏原系阿拉伯人，其先祖赛典赤·赡思丁（1211～1279年）仕元，官拜平章政事。其后裔的一支于元代行商入泉。元明易朝，裔族避居陈埭，取其祖尾音"丁"字为姓。尽管陈埭丁氏回族在社会文化生活的各个方面都已经汉化，但在其生活空间里，至今还不难看到伊斯兰教习俗的遗迹和民族意识的反映。

陈埭丁氏宗祠位于晋江市陈埭镇岸兜村，始建于明永乐年间，嘉靖三十九年（1560年）毁于兵燹，万历二十八年（1600年）重建。1985年被辟为晋江市博物馆陈埭回族史馆，2006年被列为第六批全国重点文物保护单位。宗祠坐北朝南，建筑群体以廊院式组织，采用闽南传统民居的建筑技术，以砖、石、木构筑，整体布局呈"回"字形，最引人注目的是门楣上方的木雕以及廊心墙的石雕阿拉伯文组字装饰，特别是镶于正门门楣上方中央用阿拉伯文字组绘而成的鸟形图案木雕，传说是伊斯兰教"祈求真主赐予吉祥与安宁"的"吉祥鸟"。

陈埭丁氏祠堂

附：阿拉伯—波斯运销中国的主要商品

细色货物

沉香、笺香、木香、芦荟、珊瑚、琉璃、蕃油、龙涎、阿魏、血竭、丁香、鹿茸、鹏砂、姜黄、没药、米脑、脑板、速脑、朱砂、牛黄、硫磺、腊油、石碌、草竭、玳瑁、龟筒、象牙、真珠、木珠、药珠、顶珠、条珠、麻珠、束香、乳香、金、银、夹煎香、细胃香、亚显香、安息香、腽肭脐、苏合油、火丹子、金头香、栀子花、蔦橘脑、蔦橘皮、蔦橘瓢、梅花脑、金脚脑、木札脑、赤仓脑、丁香木、白豆蔻、蔷薇水、鸡舌香、兜罗绵、没石子、鬼谷珠、番红花、毛丝布、玛瑙珠、犀柴黄、琥珀龟鼊皮、夹煎黄熟香。

粗色货物

暂香、檀香、胡椒、黄腊、生香、丁香、香札、桂皮、茴香、苏水、桂花、莳萝、番布、诃子、犀蹄、大黄、鱼胶、胡芹、水藤、麂皮、香沉、榛子、鱼皮、草席、番丝、牛皮、鹿皮、杏子、松子、荜拨、碙砂、益智、白锡、黑锡、楮皮、麻籽、椰子、吉贝、松花、螺壳、苧、麻、藕、布、簟、黄熟香、粗熟香、降真香、修割香、肉豆蔻、豆蔻花、荜澄茄、丁香皮、洗银硃、土琥珀、赤石珠、鸡骨香、水牛角、海桐皮、香螺靥、大石苇、青桂头、乌库香、扶律膏、石决明、乌纹木、花梨木、高良姜、石花菜、麝香木、水盘头、赤白藤、大腹子、吉贝纱、帽头香。

摘录自明·何乔远《闽书》卷三十九《版籍志·市舶税课》

▶中世纪流通的波斯、阿拉伯金银币

·萨珊王朝钱币

古代波斯，地处今天的伊朗高原西部。226年波斯的阿尔达希一世推翻了安息王朝后，在波斯建立了萨珊王朝。魏晋南北朝时期，中国和波斯间的友好往来较频繁，《魏书》记载，波斯使臣来中国交聘达数十次之多，给北魏皇帝带来了各种礼品，有珍物、驯象等。隋唐时期，中国和波斯间的友好往来更为频繁，从初唐时期的金银器造型到随葬的丝绸织锦纹饰，均呈现出浓郁的波斯风格。

萨珊银币，是3世纪波斯萨珊帝国发行的一种钱币，主要以金属银为制作材料，少量使用铜，偶有使用金，所以一般称其为"波斯银币"或者"萨珊银币"。这种钱币从被打造出来，便随着萨珊帝国的扩张，沿着丝绸之路传播，成为中西亚地区的通用

波斯银币

波斯萨珊银币——库思老二世正背面

货币,甚至在欧洲和我国的新疆地区也发挥了类似的功用。钱币为圆形、无孔,钱的正反两面都有打压而成的花纹。银币正面是国王的半身像,他们的胡须、发髻和服饰都是伊朗式的,尤其是王冠,富丽繁缛。由于波斯萨珊王朝每更换一王,就要另铸新王半身像的新钱币,因此,从钱币上也可看出各王的冠冕,都有各自的特征,互不相同。

萨珊银币进入我国与丝绸之路有着密切的关系。20世纪90年代后期,南京出土大量南朝时期的遗物,其中竟有一枚波斯萨珊卑路斯(Peroz)银币,成为波斯萨珊银币在中国境内最东边的出土地点。根据银币上的图案与铭文,可知其应属萨珊卑路斯王执政时期在波斯呼罗珊省的巴尔赫(今阿富汗境内的喀布尔西北)制造;从使用痕迹分析,该银币早先曾作为通货在流通领域频繁转手。此外,1960年在广东英德南齐墓中,出土3枚波斯萨珊朝卑路斯(Peroz)银币;1973年在广东曲江南华寺南朝墓中,发现9枚波斯银币;1984年广东遂溪县发现波斯萨珊银币。萨珊银币迄今在国内共发现了1900余枚,分属于14位萨珊王,分布于新疆、甘肃、陕西、宁夏、山西、河南、河北、内蒙古、湖北及广东等地,大都出土于"丝绸之路"沿线。广东的出土地区为交通便利的沿江、沿海地区,比如英德、曲江和遂溪,一共发现了30多枚萨珊早、中期的银币,埋葬时代为5世纪末。这些钱币并非单独出土,往往还伴有其他的萨珊文物,被推断为是沿波斯湾到广州之间的海上航线而来。

库思老二世银币是中国出土数量最多的几种波斯银币之一。该币正面是星月双翅齿冠库思老二世头像;背面正中是波斯国教拜火教(也称祆教、琐罗亚斯德教)的祭坛。

3世纪波斯人摩尼(216~276年)以拜火教为信仰基础,吸收基督教、佛教和古巴比伦的宗教思想,创立了摩尼教。其教于唐代传入中国,宋代以后,成体系的摩尼教组织基本消失,取而代之的是华化摩尼教"明教"。

位于泉州市晋江华表山的草庵,始建于宋代绍兴年间(1131~1162年),初为草

晋江草庵

草庵摩尼光佛石雕像

筑，元顺帝至元五年（1399年）改为石构歇山式建筑，是我国仅存的摩尼教寺庙，也是世界现今唯一的摩尼教寺庙遗址，被列为全国重点文物保护单位。

·阿拉伯帝国钱币

阿拉伯在651年取代萨珊后，开始模仿萨珊钱币来制造自己的钱币，这种做法一直持续到回历79年（698年）阿拉伯进行改革为止，此后开始发行纯阿拉伯钱币。

阿拉伯帝国仿制萨珊库思老二世银币

（653～670年）王像正面下部的边缘上打制有阿拉伯文字，以此区别萨珊钱币。

在阿拉伯帝国，长期通行着两种货币，第纳尔和迪尔汗。第纳尔是一种完全仿制苏勒德斯的金币，重4.25克；迪尔汗则是一种3克左右的银币，名字来源于希腊德拉克玛。两种铸币自倭马亚王朝阿卜杜勒·马利克哈里发时开始，在大马士革铸币厂制造，并随着8世纪阿拉伯海盗和商人的足迹进入欧洲。倭马亚王朝（661～750年）建立后因其崇尚白色，故中国史书称其为"白衣大食"。696年，倭马亚王朝第五任哈里发马利克实行经济改革，由中央打制发行新的伊斯兰式钱币。由于伊斯兰教禁止崇拜偶像，钱币上不再采用人物形象，而是只用阿拉伯文作为装饰。这种钱币制式后来影响到了所有的伊斯兰国家。

倭马亚王朝金币（正背面）　　倭马亚王朝银币（正背面）

阿拔斯王朝金币（正背面）　　阿拔斯王朝银币（正背面）

阿拔斯王朝（750～1258年）为阿拉伯帝国的第二个世袭王朝，古代中国史籍中称之为"黑衣大食"，于750年取代倭马亚王朝。阿拔斯王朝哈里发马赫迪于775～785年发行阿拔斯王朝金币，正背面中间都是清真言"万物非主　唯有真主　穆罕默德　真主使者"，边缘铭文为造币厂地点和造币年份。阿拔斯王朝和中国的唐宋两朝贸易密切，在此期间中国著名的四大发明皆沿丝绸之路传入西方。

《瀛涯胜览》载"（忽鲁谟厮国，今伊朗东南米纳布附近）国王以银铸钱，曰底那儿"。

● **印度与泉州的贸易和文化交往**

佛教产生于印度，泉州与印度人民的友好交往也是从佛教开始的。印度高僧拘那罗陀（真谛）在陈文帝天嘉三年（562年）来到泉州并翻译《金刚经》，这是有文字记载最早来泉州的外国人。泉州与印度贸易频繁，马可·波罗称："应知刺桐港即在此城，印度一切船舶运载香料及其他一切贵重货物咸苍此港。"摩洛哥旅行家伊本·白图泰记载，他看到一艘满载货物的船从泉州开往印度，泉州烧制的精美瓷器，大量运往印度等国。他还记载1342年元顺帝派使臣去印度，馈赠其国王摩罕美德锦缎五百匹，其中一百匹是泉州织造的刺桐缎。

印度教沿海上丝绸之路从南印度经马来半岛传入泉州。半个世纪以来泉州发现印度教石刻达300多方，其中有建于元代，毁于元末的印度教寺院——番佛寺残存的石构件和毗湿奴、湿婆等雕像，是中印文化艺术交流的结晶。

▶泉州开元寺

泉州开元寺，位于泉州市鲤城区西街，是福建省内规模最大的佛教寺院。开元寺始创于唐初垂拱二年（686年），初名莲花道场，开元二十六年（738年）更名开元寺。现存主要庙宇系明、清两代修建，南北长260米，东西宽300米，占地面积78000平方米。

图左上：开元寺大殿前印度教石刻，图左下：开元寺印度教石刻，图右：开元寺印度教石柱

开元寺大雄宝殿后回廊上，立有两根十六角形印度教石柱，与殿前月台须弥座的 72 幅狮身人面青石浮雕，同为明代修殿时从已毁的元代古印度教寺移来。两根石柱分成上中下三部分，分刻成四面，每面各刻一个圆盘，圆盘内浮雕印度教神话故事和图案。神话故事的内容大都出自公元前 10 世纪的印度著名史诗《摩诃婆罗多》和公元前 5 世纪的印度著名史诗《罗摩衍那》。如毗湿奴骑金翅鸟救象王，杀死鳄鱼的神话故事；毗湿奴以十臂人狮的相貌出现，擘裂凶魔的神话故事；阎摩那河七女出浴；顽童被系，用力拉倒魔树；象与鳄鱼互斗千年，等等。这些完全是希腊、印度的雕刻艺术风格。

▶ 古印度钱币

古印度贵霜王朝在 127～230 年达到其巅峰时期，疆域从今日的塔吉克斯坦绵延至里海、阿富汗及印度河流域。最早的贵霜货币产生于 1 世纪，造币厂的位置大约在巴克特里亚和今喀布尔一带。这时的贵霜钱币完全是模仿印度 - 希腊、印度 - 帕提亚、印度 - 西徐亚和罗马风格的钱币。

· 贵霜王朝钱币

贵霜帝国在迦腻色伽一世和其承继者统治之下达至鼎盛，被认为是当时欧亚四大强国之一，与汉朝、罗马、安息并列。迦腻色伽一世是笃信佛教并为之做出巨大贡献的国王，不但大力推展佛教教义，还亲自担任喀什米尔地方的僧团长老，今天人所共知的佛陀三十二相，就是迦腻色伽一世在位时亲自确立的。

贵霜王朝迦腻色伽一世（Kanishkal）
金币正背面（上海博物馆提供）

这是目前为止传世最早的佛像。金币正面是站立的迦腻色伽一世本人，身着厚重的贵霜式大衣，国王左手持象征王权的三叉戟，右手趋前，在祭坛前祭拜。钱币铭文都统一使用希腊文字，后来用以希腊字母书写的巴克特里亚语代替。金币外缘以贵霜语铭刻铭文：万王之王，贵霜迦腻色伽一世。金币的背面是带有希腊化风格的佛陀。佛陀着通肩式佛衣，正面而立，右手施无畏印，左手拖拽佛衣一角，右侧刻有希腊铭文"Boddo"，即"以佛陀之名"，左侧刻有迦腻色伽一世名字的首写。

贵霜王朝迦腻色伽三世（KanishkaIII，260～300AD）金币（中国钱币博物馆提供）

贵霜王朝韦苏提婆二世（VasuDevaII，260～300AD）金币（中国钱币博物馆提供）

·德里苏丹国钱币

德里苏丹国（1206～1526年），是阿富汗的古尔王朝（1148～1215年）于1175年后占领和征服纳尔默达河以北的印度河平原和恒河平原之后，德里总督于1206年自立建立的伊斯兰王朝。2000年4月，南京市一基建工地发现3枚印度德里苏丹国金币。金币色泽鲜艳，字迹清晰，边缘被切割磨损，铭文缺损。直径20～22毫米，重10克，圆形无孔，属希腊造币法打制。金币两面铭文使用科菲体阿拉伯文。此类金币确定为印度中世纪德里苏丹第二王朝——卡尔奇王朝苏丹穆罕默德二世（1296～1316年）打制。从伴出物分析，该金币可能是在南宋至明初之间传入南京地区的。

德里苏丹国金币（正背面）

1320～1324年（回历720～725年）国王图格鲁克沙一世发行。正背面都是波斯文赞语"世界和信仰最伟大的卫道者吉亚思苏丹"。

● 欧洲与泉州的贸易

泉州的景教碑刻被称为刺桐十字架。20世纪三四十年代，泉州古城墙及其附近地段，不断出土雕有天使、十字架图案的景教墓碑、墓盖等文物。1954年英国著名学者约翰·福斯特的文章《刺桐城墙的十字架》在《英国皇家亚洲学会杂志》发表以后，"刺桐十字架"从此成了全球基督教文物的专用术语。

▶刺桐十字架

"刺桐十字架"石刻反映了中世纪欧洲人在泉州从事贸易和宗教活动的史实。石刻还表现了不同宗教文化交融的内容。那些头戴王冠、身着僧服，或飞翔或振翅的天使形象，既受到西方古典雕刻术"带着翅膀的胜利"之影响，又具有叙利亚、波斯或亚历山大学派的艺术风格，抑或是古希腊文化的渗透；天使的跌坐姿势、夸张的垂耳又分明是中国佛像的表现手法，而围绕其四周的瑞云、海水、火焰、莲花座又很像是中国佛教与道教的文化符号。碑刻上的文字既有八思巴文，又有突厥语；既有波斯文，又有中文、拉丁文。所有这些在世界宗教文化史上实属罕见。

挡垛石

元基督教尖拱形四翼天使石墓碑（"蕃丞相"四翼天使石刻）

元基督教尖拱形石墓碑（刺桐十字架石刻）

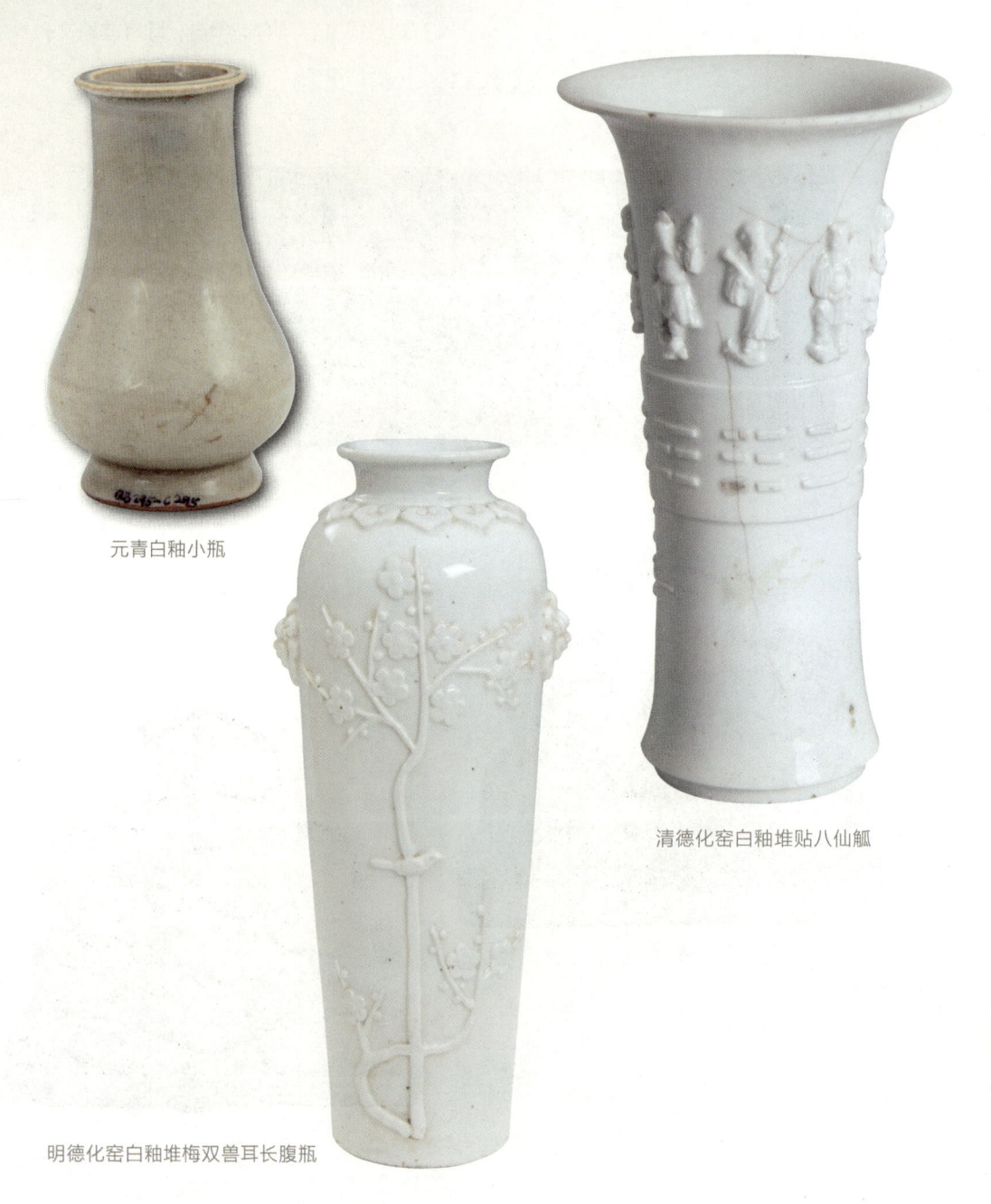

▶德化白瓷

　　瓷器是古代中国输出到海外的大宗货物之一，福建德化白瓷因其产品制作精细，质地坚密，晶莹如玉，釉面滋润似脂，故有"象牙白""猪油白""鹅绒白"等美称，深受西方国家喜爱，在国际上有"东方艺术"之声誉。"中国白"原文 Blanc De Chine，是法国人普拉德在《1692 年巴黎通讯地址实用手册》一书中对明末清初德化白瓷的命名，法国人称赞明代德化白瓷是"中国瓷器之上品"。

元青白釉小瓶

清德化窑白釉堆贴八仙觚

明德化窑白釉堆梅双兽耳长腹瓶

▶欧洲部分语言中"茶"是闽南语发音

在茶的发源地中国，各地汉族语言对"茶"的发音不尽相同，以致茶传播至世界各地时的叫法也不同，大抵有两种。较早传入中国茶的国家语言依照汉语比较普遍的发音叫"chá"，或类似的发音，如阿拉伯、土耳其、印度、俄罗斯及其附近的斯拉夫各国，以及比较早和阿拉伯接触的希腊和葡萄牙。后来荷兰人和西班牙人先后占据台湾，并与闽南人进行贸易。因为在闽南话里茶的发音是"tê"，荷兰和西班牙殖民者就取了这个音。16～17世纪初基本是荷兰独霸南亚、东南亚贸易，"tê"这个音就被西班牙、法国、德国、意大利、英国等国家沿用下来，并且带到了他们各自的殖民地。英语"TEA"是16、17世纪时形成的，那时E和A两字母连写，作为"双元音"，读音为EY（类似汉语中后腔音"唉"），所以当时的TEA读音就是TEY。莎翁戏剧中有若干台词，凡以EA为字尾的，都押EY的韵，可资佐证。

▶中世纪流通的欧洲金银币

· 古罗马钱币

中国与罗马的贸易往来在汉代就已出现，当时称罗马为"大秦"，罗马的明月珠、玳瑁等珍宝是中国贵族妇女钟爱的饰物原料。海上丝路的繁荣兴盛，促使双方的商贸往来更加密切。罗马的货币自然也出现在中国境内。3世纪以前（古典时代）罗马发行奥里斯金币、第纳里斯银币、塞斯特斯银币、阿斯铜币。

· 东罗马钱币

330年，罗马帝国的君士坦丁大帝迁都拜占庭城，并以君士坦丁堡命名新都。395年，东、西罗马分治，东罗马帝国或称拜占庭帝国，中国则称其为"拂菻"。唐时，拂菻王遣使进献赤玻璃、绿金精等。此后，罗马商人打着贡献旗号，到中国做生意。拜占庭钱币多有流入中国。

梯航百货万国商

东罗马莫里斯（Maurice，582~602AD）金币（正背面）

东罗马查士丁尼一世（JustinianI，527~565AD）金币（正背面）（中国钱币博物馆提供）

东罗马罗曼努斯三世（RomanusIII，1028~1034AD）金币（正背面）（中国钱币博物馆提供）

第四节 《诸蕃志》《岛夷志略》与泉州

泉州给中国海洋文明留下了无数的物质遗产和文化遗产,在众多文化遗产中,最著名的要数《诸蕃志》和《岛夷志略》。

● 《诸蕃志》与泉州

《诸蕃志》于宝庆元年（1225年）著成,是南宋泉州市舶司提举赵汝适通过询问泉州港的海商,收集与泉州开展海外贸易的国家和地区的情况,将所获资料编著成书。赵汝适是南宋宗室,宋太宗赵炅八世孙。《诸蕃志》分上下卷,卷上志国,卷下志物。《诸蕃志》全书涉及58个国家和地区,"列其国名,道其风土,与夫道里之联属,山泽之畜产,译以华言,删其污渫,存其事实,名曰《诸蕃志》。"《诸蕃志》的一些条目来自《岭外代答》（1178年）,《文献通考》《宋史》《容斋随笔》等书都引用《诸蕃志》。

《诸蕃志》对泉州海外交通记载很详细,凡记载我国与东南亚诸国、印度、阿拉伯以及北非各国的航线距离、日程、方位,多以泉州为基准。以泉州为方位：三佛齐"在泉之正南、冬月顺风,月余方至凌牙门"；阇婆"于泉州为丙巳方,率以冬月发舶,藉北风之便,顺风昼夜行月余可到"；渤泥"在泉之东南",流求国"当泉州之东,舟行约五六日程"。以泉州计日程：真腊"自泉州舟行月余日可到"；占城"自泉州至本国顺风舟行二十余日"；故临"泉舶四十余日到兰里住冬,至次年再发,一月始达"。以泉州计距离：注辇"水行至泉州约四十一万一千四百余里"。[1] 此外,还记载外国人在泉州的情况、进口香料的应用及对泉州民俗的影响,以及泉州进出口货物情况等,内容丰富。

---

[1] 李玉昆：《泉州海外交通史略》,厦门大学出版社,1995年,第113页。

● 《岛夷志略》与汪大渊

《岛夷志略》原本是为清源郡（今泉州）的郡志所著，作为《清源续志》的附录，之后又作单行本。《岛夷志略》记述了作者元代航海家汪大渊于1330年和1337年二度从泉州出发，飘洋过海，亲身经历的南洋和西洋200多个地方的地理、风土、物产，是一部重要的中外交通史文献。

汪大渊曾在当时中国海上丝绸之路的起点泉州长期居留。当时，泉州中外商人众多，航海相当发达，汪大渊耳濡目染，对海上航行产生了浓厚的兴趣。元顺帝至正九年（1349年）冬天，汪大渊路过泉州，适值泉州编修《清源续志》，主持编修的吴鉴认为泉州作为对外贸易的大港，"舶司的所在地，诸蕃幅辏之所"，不能没有海道诸岛屿及诸国地理情况的记载，于是请两次亲历海外、熟悉海道地理情况的汪大渊撰写《岛夷志》，附于《清源续志》之后。汪大渊欣然应邀，并认为撰写《岛夷志》也为了增加商人、文人的见识，宣扬元朝的威德远大。[1]后来汪大渊在他的故乡江西南昌将《岛夷志》印刻成单行本，流传于世[2]。

《岛夷志略》全书共分100条，前99条记载和涉及的地点总计220个，均系汪大渊亲身经历，内容详实可靠，是研究元代中外海上交通最有价值的必读地理著作。汪大渊的航海比郑和早了75年，比哥伦布早了162年，所著《岛夷志略》影响极为深远，《瀛涯胜览》作者马欢，是郑和下西洋的翻译官，他在《瀛涯胜览》自序中称曾读过《岛夷志》并受到启发，下西洋中的所见所闻也证实了《岛夷志》的记载。[3]郑和船队的随行人员费信受汪大渊的影响更深，在他的《星槎胜览》里，许多地点的记述都与《岛夷志略》雷同。

---

[1]《岛夷志略·后序》："至正已丑冬，大渊过泉南，适监郡偰侯命三山吴鉴明之续《清源郡志》，顾以清源舶司所在，诸蕃辐辏之所，宜记录不鄙。谓余方知外事，属《岛夷志》附于郡志之后，非徒以广士大夫之异闻，盖以表国朝威德如是之大且远也。"

[2]《岛夷志略·张序》："复刊诸西江，以广其传。"

[3] 马欢在《瀛涯胜览·序》写道："余昔观《岛夷志》，载天时、气候之别，地理、人物之异，感慨然叹：普天之下何若是之不同耶？……余以通译番书，添备使末，随其（指郑和宝船）所至，鲸波浩渺，不知其几千万里。历涉诸邦，其天时、气候、地理、人物，目击而身履之；然后知《岛夷志》所著者不诬"。

第五节

安平商人与海上丝路贸易

安海，古称"湾海""安平"，属今泉州市下属晋江市安海镇，是宋元时代泉州港的南港和海外交通贸易的重要商埠之一。千年安海港，孕育出一代又一代的安平商人，他们是中国最具海洋精神的海商。

● 安平商人

安平商人早在唐朝就有海外经商贸易，到了明代安平商人的贩海贸易活动达到鼎盛。安平商人行商区域广阔，足迹遍及大江南北、长城内外，乃至西南夷地，海外则泛东西洋。

历史上较为有名的安平商人有：唐朝的林銮，南宋的黄护，明中期的李五，明末的郑芝龙、郑成功，清末的伍秉鉴，清末民初的黄秀烺，民国的陈清机。不过，人们认识他们却不是因为他们的商人身份，如林銮因一个地名"林銮渡"而知名；郑芝龙与"海盗"相关，郑成功因"民族英雄"而家喻户晓；伍秉鉴经商在异地，只留下一个籍贯；黄护、李五，则是半藏半露留在乡贤里边；黄秀烺和陈清机离得近一点，人们也只知道一个墓群（古檗山庄）和一条公路（泉安公路，近安海处有座清机桥）。

明清时期海禁，也没有掐断安平商人坚韧坚守的海上丝绸之路商业链。此间最具代表性的有郑芝龙、郑成功等。清中叶和鸦片战争以后，安平商人逐步走向衰微。清中叶著名行商伍秉鉴（1769～1843年），是广州十三行之一怡和行的行主，祖籍泉州晋江安海，是当时的世界首富，清朝三品顶戴花翎。

● 泉州港的桥梁建设与海上贸易

宋元时期泉州海外交通最为发达，为了适应货物转运、商民往来的需要，出现了修建道路、桥梁、港口码头、航标塔的热潮，其中洛阳桥、安平桥成为横跨泉州北港和南港联通京城和内陆的主要桥梁，使之适应海上丝绸之路贸易蓬勃发展的需要。

▶安平桥

安平桥始建于南宋绍兴八年（1138年），历时14年告成，长2255米，它不仅是我国最长的石梁桥，素有"天下无桥长此桥"美誉，也是世界上最长的石梁桥。当时，安海镇边的海湾是我国对外贸易的重要港口，为便捷水陆交通和大量海外贸易货物的转运，发展泉州港海外贸易，人们修建了安平桥。

安平桥

▶瑞光塔

安海瑞光塔，俗称"白塔"，亦名"文明塔"，始建于南宋绍兴二十二年（1152年），系安平桥建成之年，乡人以造桥余资建造，为安平桥的附属建筑，以安海八景中的"二塔凌霄"之一塔，享誉至今。其基座用雕琢图纹的花岗石筑成，各转角处石雕一赤足袒胸的大力士，头部奋力顶住半圆柱。塔身共五层矗立，六角飞檐，外形仿木构楼阁，皆以白灰粉饰；内有沿塔心盘旋而上的阶梯，可通塔顶葫芦刹。古朴雄浑，顶天立地，气势非凡，遂成船舶近岸航行和出入港湾的航标，威镇长桥。

瑞光塔

▶洛阳桥

洛阳桥（原名万安桥）是中国现存最早的跨海梁式大石桥，也是世界桥梁筏型基础的开端，素有"海内第一桥"之誉。该石桥始建于北宋皇祐五年（1053年），嘉祐三年（1058年）时任泉州知州的蔡襄开始主持造桥，通过筏型基础和种蛎固基解决了包括铺桥面、建桥墩在内的多个难题。嘉祐四年（1059年），洛阳桥正式建成，蔡襄亲自题写"万安桥记"。此后历朝历代洛阳桥都曾历经修葺。这座47孔，长3600尺、宽15尺的"跨海长虹"的建成，沟通了福建的海上交通，南接漳广，北通江浙，陆路运输畅通无阻，大大促进了福建泉州海上交通事业的发展和繁荣，使泉州成为对外贸易的重要港口。洛阳桥建成以后，在闽南各地兴起一股建桥热潮延续了150多年，在闽南、闽中建起几十座沿海大石桥，改变了闽中南沿海交通不便的现象。

洛阳桥

■ 宋元时期，泉州刺桐港海上丝绸之路贸易的繁盛，离不开宋代以来建立起来的适应海外贸易和国内经济发展的货币制度与货币体系，也与宋元时期朝廷重视发展海外贸易，建立起一套较为完整的推动海外贸易的市舶司制度，加强对海上丝路商品交易买卖的货币管理分不开。同时，也是与南宋偏安，经济中心的南移，特别是皇族南外宗正司迁移至泉州，参与海外贸易和推动海外贸易的发展分不开的。宋哲宗元祐二年（1087年）朝廷在泉州设立市舶司之前，泉州已成为唐五代以来丝绸、陶瓷等制造业发展兴盛的港口城市。陶瓷、丝绸等外销商品的发展，在大量的以货易货贸易和货币商品交易过程中，朝廷建立起一套适应海外贸易蓬勃发展的管理制度十分必要，泉州市舶制度在阅货、抽解、禁榷、博买、向朝廷交纳钱物等方面的制度不断完善。特别是南外宗正司在南宋初年建炎三年（1129年）迁入泉州，由于宗室参与了泉州的海外贸易，泉州港一时"风樯鳞集，舶计骤增"，海外贸易不断扩大。据统计，南外宗正司宗室有11人在南外宗正司外迁入泉州后担任了泉州市舶司提举，值得一提的是，在泉州设有三大州司衙门：州衙、宗正司衙和市舶司衙，这种设置在南宋是独一无二的。如宗室泉州知州赵汝适，同时还是泉州市舶司提举和泉州南外宗正事，一身兼三职，他所著的《诸蕃志》正反映了泉州刺桐港市舶兴旺，"涨海声中万国商"的盛景。元代，"商贾市舶物货已经泉州抽分者，诸外贸易，止令输税"海商舶货经泉州市舶司抽解后，到别处贸易不再抽分了。元代市舶法则的颁布与实施和泉府司（院）的设立，使泉州市舶制度更为完备，在宋元时期发挥泉州作为"东方第一大港"的历史作用。宋元时期泉州刺桐港成为当时世界最大的贸易中心和货物货币流通中心、制造业中心，成为世界的大货仓。

【第三章】沉船出水

造船技术与贸易货物

近几十年来，中国周边海域发现的数艘宋元时期沉船，见证了尘封已久的海上丝路航线。宋元刺桐港海上丝路贸易的繁盛与泉州造船技术在世界的领先是分不开的，也得益于先进的航海技术，刺桐港成为海上丝绸之路的"东方第一大港"。宋元沉船遗物是中国与海上丝路各国人民共同开创的蓝色海洋文明留下的遗产。沉船文物中，发现数量众多的铜钱、铁钱和数量不少的银铤，可以窥探当时整体货币情况，了解宋元海外贸易及其各个层面的社会生活和经济情况。沉船中发现的大量中国铜钱，既是海上丝路贸易中的流通货币，也是沿线国家从中国购入的铜原料，造成了宋元时期中国铜钱外流的后果。

第一节

泉州湾沉船

● 后渚沉船

　　1974年，泉州湾后渚港发掘出一艘沉没了700多年的南宋末年海船，轰动世界。从船壳上的海洋生物残骸看，这是一艘曾经航行在海上丝绸之路航线上泉州与东南亚之间的商船，又是迄今为止世界上发现年代最早的、规模最大的木帆船，可以称之为"海丝一号"。中国造船技术上的许多伟大发明和创造都可以在这艘沉船得到印证。该船体残长24.2米，残宽9.15米，复原长度可达34米，宽11米，载重200吨。船底为尖底，呈"V"字型。船内有12道隔舱板，将船分成13舱。船中出土了香料药物、铜铁钱等十四类文物，这些钱币包括唐、宋铜钱504枚，其中唐钱33枚，北宋钱358枚，南宋钱71枚，字锈蚀42枚。出土年代最晚的钱是"咸淳元宝"，有2枚，大小各一，大者背文"五"，小者背文"七"，铸于咸淳年间（1265～1274年），是判断海船沉没的上限年代的佐证。

海船出土宋钱世系表

	庙 号	原 名	统治期	船舱出土年号铜钱
北宋	宋太祖	赵匡胤	960～976	宋元通宝
	宋太宗	赵炅，本名匡义	976～997	太平通宝、淳化元宝、至道元宝
	宋真宗	赵 恒	997～1022	咸平元宝、景德元宝、祥符元宝、天禧通宝
	宋仁宗	赵 祯	1022～1063	天圣元宝、景祐元宝、皇宋通宝、至和元宝、嘉祐通宝、嘉祐元宝
	宋英宗	赵 曙	1063～1067	治平元宝
	宋神宗	赵 顼	1067～1085	熙宁元宝、熙宁重宝、元丰通宝
	宋哲宗	赵 煦	1085～1101	元祐通宝、绍圣元宝、元符通宝
	宋徽宗	赵 佶	1101～1126	圣宋元宝、崇宁重宝、崇宁通宝、大观通宝、政和通宝、宣和通宝

043

续表

	庙　号	原　名	统治期	船舱出土年号铜钱
南宋	宋高宗	赵　构	1127~1162	建炎通宝、绍兴元宝、绍兴通宝
	宋孝宗	赵　昚	1162~1190	乾道元宝、淳熙元宝
	宋光宗	赵　惇	1190~1194	绍熙元宝
	宋宁宗	赵　扩	1194~1224	庆元通宝、嘉泰通宝、开禧通宝、嘉定通宝
	宋理宗	赵　昀	1224~1264	绍定通宝、淳祐元宝、景定元宝、皇宋元宝
	宋度宗	赵　禥	1264~1274	咸淳元宝

古船出土物品

古船深埋于海泥中，由堆积层厚度推测出沉船已被掩埋了700多年

泉州湾海船

古船陈列于泉州开元寺内的泉州湾古船陈列馆

成串铜钱

出土的成串铜钱

部分发现钱币样式参考（出土实物）

太平通宝

绍熙元宝

宣和通宝

船舱出土遗物总登记表

香料药物	降真香 檀香 沉香 胡椒 槟榔 乳香 龙涎 朱砂 水银 玳瑁
木牌木签	地名牌 货名牌 人名牌 商号牌 无字 字迹不明
编织物	竹编 叶编织物 麻编织物 绳索缆
铜铁钱	铜钱 铁钱
竹木藤器	竹尺 木槌 灰刮板 木质容器 桶墙木板 楔形木 木簪 木盖 木塞 木凿柄 木栓 藤帽
铜铁器	铜钵 铜勺 铜钮 铜钩 铜镜 铜锁 斧头 搭钩 钉送
陶瓷器	陶器 瓷器
装饰品	珊瑚珠 玻璃珠
文化用品	象棋子 宋版印刷品残片
皮革制品	皮革制品
果 核	椰子壳 桃核 李核 杨梅核 橄榄核 荔枝核
动物骨骼	猪骨 羊骨 狗骨 鼠骨 鱼骨 鸟骨
贝壳珊瑚	货贝、篱凤螺、水晶凤螺、乳玉螺、银口凹螺、珊瑚
其 他	玻璃、黄色有机物

● 法石沉船

1982年在泉州湾法石还试挖掘了一艘宋代的海船，清理出了古船尾部四个舱位，出土了瓷器、木构件、木器、竹帆残件、绳索等遗物，其中在船舱出土的小口瓶是南宋时期晋江磁灶窑大量烧造的瓷器，还有南宋同安汀溪窑和安溪桂瑶窑的划花青瓷片等。初步推断，这是一艘南宋时沉没的古船，其船型属于福船的海船，船体造型、结构、工艺、用材等方面都体现泉州造船的特色。在沉船百余米处，还发现一块花岗岩雕成的碇石，系国内首次发现，填补了国内有关碇石实物的空白。在法石一带，曾发现数以十计的刻有阿拉伯文的石墓，成为当时来泉州的阿拉伯人的聚居地之一，附近的山被称为"天堂山"、"番仔山"，当地至今还保存着"造船巷"、"打帆巷"等巷名。在沉船附近还有座宋时建造的"真武殿"，为当时宋代郡守"祭海神之所"，反映了宋元时期泉州海外贸易及海洋文化的特色。法石沉船的发现和试掘，为研究南宋时期泉州海外交通史、造船史、航海史提供宝贵的实物资料，具有重要的研究价值。[1]

● 泉州制造"福船"的先进技术

福船是福建、浙江一带沿海尖底海船的通称，为中国古代著名海船船型。这种船多在福建沿海建造，故称"福船"。宋代，中国社会经济高速发展，海外贸易也随之步入高峰，福建与广州成为海船建造中心，福州、兴化、泉州、漳州设有官船厂。从南宋开始，远离战火的泉州逐渐超过明州和广州，成为中国最大的港口。有关福建帆船特性的记载逐渐多了起来，"南方木性与水相宜，故海舟以福建为上，广东西船次之，温、明船又次之"。[2]

马可·波罗著作中有不少关于中国船的描绘："应知其船系用枞木制造，仅具一甲板。各船皆具有船房五六十所，商人皆处其中，颇宽适。船各有一舵，而具四桅，偶亦别具二桅，可以竖倒随意。船用铁钉结合，各有二厚板叠加于上，不用松香，盖不知有此物也，然用麻及树油掺合涂壁，使之绝不透水。每船舶上，至少应有水手二百人，盖船甚广大，足以载胡椒五六千担。无风之时，行船用橹。橹甚大，每具需用橹手四人操之。每大舶各曳二小船于后，每小船各有船夫四五十人，操棹而行，以助大舶。别有小船十数，助理大舶事务，若抛锚、捕鱼等事而已。大舶张帆之时，诸小船相连，系于大舟之后而行。其具帆之二小舟，单行行动，与大舶同。"中国船不仅大，而且也较别国船舶坚固，同书《下里国》（E1y）条："应知中国及他国船只，夏季来此

---

[1] 李冀平、朱学群、王连茂：《泉州文化与海上丝绸之路》，社会科学文献出版社，2007年，第379页。

[2] 吕顾浩《忠穆集》卷2，舟楫之利。

者，卸货四日或八日即行，盖其一无良港，且有浅水沙礁，久舶甚危之，中国船畏此固不若他国船舶之甚，盖其有大木锚，可御一切风暴。"[1]根据马可·波罗描述的船型制造工艺特点，可知他所见到的船型正是中国远洋海船福船。

《伊本·白图泰游记》也详细记载了他在泉州见到的元代海船的型制，书中写到："中国船只共分三类：大的称做艟克，复数是朱努克；中者为艚；小者为舸舸姆。大船有十帆至少是三帆，帆系用藤箧编织，其状如席，常挂不落，顺风调帆，下锚时亦不落帆。每一大船役使千人：其中海员六百，战士四百，包括弓箭射手和持盾战士以及发射石油弹战士，随从每一大船有小船三艘，半大者，三分之一大者，四分之一大者，此种巨船只在中国的刺桐城建造或在隋尼凯兰即隋尼隋尼（译者注：广州）建造。建造的方式是：先建造两堵木墙，两墙之间用极大木料衔接。木料用巨钉钉牢，钉长为三腕尺。木墙建造完毕，于墙上制造船的底部，再将两墙推入海内，继续施工。这种

龙骨"保寿孔"后穴

保寿孔：泉州地区民间木帆船制造的传统做法，位于主龙骨和尾龙骨、舻柱的榫合处。上部7个小圆孔，内放铜铁钱，如"北斗星"；下是一个大圆孔，内放一面铜镜，形如满月。这是象征吉祥的"七星伴月"，闽南俗称"保寿孔"。

舷侧板：三重板结构

出土船壳为二、三重板结构，船底板为二重叠合，舷侧板为三重叠合。船内底部接近龙骨处的第一、二路板用樟木，其余用杉木。夹缝填塞麻丝、竹茹、桐油灰捣合的艌料，并用铁钉钉合。

---

[1] 汶江：《古代中国与亚非地区的海上交通》，四川省社会科学院出版社，1989年，第191页。

船船桨大如桅杆，一桨旁聚集十至十五人，站着划船。船上造有甲板四层，内有房舱、官舱和商人舱。官舱内的住室附有厕所，并有门锁，旅客可携带妇女、女婢，闭门居住。有时旅客在官舱内，不知同舟者为何许人，直至抵达某地相见时为止。水手们则携带眷属子女，并在木槽内种植蔬菜鲜姜。"[1]

1974年8月在泉州后渚出土的沉船，这艘南宋末年海船，经考证为泉州建造往来于东南亚、南亚的三桅福建帆船。泉州宋船遗存的尖底造型与龙骨结构、水密隔舱结构、多重船底板、用于操纵尾舵升降的绞车等，代表了当时中国造船技术的水平。

泉州建造的福船以其先进的技术，成为中国最具远洋能力的商船和古代海上丝绸之路的重要见证。

● 泉州湾宋代海船上的货贝

货贝，是一种能充当货币的海贝。自史前时期开始，几乎整个欧洲和亚洲地区都在广泛使用货贝。1974年泉州湾出土的宋代海船也携带有2000多个货贝，为东南亚一些部落作为货币所使用的海贝。人类历史上，有关贝币的最早的文字记载来自中国。早在公元前1400年，中国就开始使用贝币。《诸蕃志》、《岛夷志略》、《瀛涯胜览》分别记载为"齿贝""𧵅子""海𧵅"。

古船出土货贝

1974年泉州湾宋代海船出土2000多个货贝

---

〔1〕马金鹏译《伊本·白图泰游记》，宁夏出版社，2000年5月第一版，第486页。

● 海上丝路制造业城市

泉州的手工业已经成为港口经济的重要支柱之一，这些附加值相对较高的手工业产品加入外销商品的行列，为泉州港的繁荣和发展奠定了有利基础。

陶瓷业：泉州陶瓷生产历史悠久，泉州地区发现唐五代窑址 18 处，生产的双系罐、四系罐，在婆罗洲和马来半岛均有发现。"陶器、铜铁，远泛蕃国，取金贝而返，民甚称便"，可见陶瓷大量销往海外。宋元时期，窑址遍布古泉州各县，产品以青白瓷为主，远销亚、非五十多个国家和地区。伊本·白图泰在游记中记载："中国瓷器仅产于刺桐、兴克兰（广州）二城。……中国人将瓷器转运出口至印度诸国，以达非洲摩洛哥。此种瓷器，是世界最佳者。"《马可·波罗游记》中说："刺桐城附近有一别城，名称迪云州（指德化），制造碗及瓷器，既多且美。"[1]

织染业：唐代，泉州大量种植桑麻和养蚕，丝织业迅速发展，其部分产品上供。五代时期，养蚕业进一步发展，泉州城内更是"千家罗绮管弦鸣"的热闹情景。宋时，泉州丝织业已与盛产丝绸的四川、江浙齐名，正如苏颂咏泉州诗中所云"绮罗不减蜀吴春"。《诸蕃志》中记述泉州丝织品已远销日本、朝鲜、越南、马来西亚、印度、坦桑尼亚等国。元代，泉州生产质地优良的丝绸，被伊本白图泰称为刺桐缎，《伊本·白图泰游记》载，刺桐丝绸曾被元朝皇帝作为礼品赠送给印度摩哈美德王。[2]

矿冶业：《新唐书·地理志》载："泉州南安产铁，制品由泉州港出口。"《泉州府志》载，南唐保大中（约 943～957 年），节度使留从效于郡西设鼓铸处，出现用鼓风冲天炉冶铁铸造兵器的技术。洛江区梧宅下堡村古冶铁遗址，地表堆满古铁渣，故称"铁屎山"，是五代至宋时的冶铁场遗址。北宋开宝中（968～976 年），泉州设置矿冶场务 201 处，开征铁课。泉州产铁之场，北宋盛时 15 场，南宋后期仍存 5 场。元代，泉州矿冶业的规模更加扩大。据《岛夷志略》载，有 51 个国家和地区从泉州港输出铜、铁等金属器皿。

---

[1] 李玉昆：《泉州海外交通史略》，厦门大学出版社，1995 年，第 34 页。
[2] 李玉昆：《泉州海外交通史略》，厦门大学出版社，1995 年，第 41 页。

第二节
"南海一号"沉船

"南海一号"是一艘南宋时期失事沉没的木质海船，1987年在广东阳江海域被发现。沉船距今800多年，船体残长22.15米，最大船宽约9.9米，是迄今为止世界上发现的海上沉船中年代较早、船体较大、保存较完整的远洋贸易商船。

"南海一号"沉船是具有福建泉州特征的尖头船，专家从船头位置和构造特征推测，当时这艘古船是从中国东南沿海港口驶出，赴东南亚地区或中东地区进行海外贸易。根据出水和未出水的瓷器主要产自福建德化、景德镇及浙江等地窑址推知，船是从福建泉州地区起航的。船上总共出土文物14000余件套、标本2575件、凝结物55吨，其中瓷器13000余件套、金器151件套、银器124件套、铜器170件，铜钱约17000枚等。钱币中，年代最早的是汉代的五铢钱，最晚的是宋高宗时期的绍兴元宝。船载这么大量的货币，可以概约推论中国的铜钱是当时海上丝路的主要通货。

海上丝路运载的中国货物，除了陶瓷这类人们熟知的中国特产，那时科技领先的中国，还向世界输出铁器。从泉州始发的"南海一号"宋代沉船中，大宗货物中就有大量铁锅及铁钉；直到明代"南澳一号"沉船上仍发现装载着成摞的铁锅。

南海一号沉船出水铜钱

第三章 沉船出水

南海一号沉船出水铜钱

第三节
南海西沙"华光礁1号"沉船

"华光礁1号"沉船遗址位于华光礁环礁内侧，1996年被当地渔民偶然发现，经考古发掘，从船上的保寿孔，以及对船中带名款的瓷器和其他一些器物研究，推断该船应是南宋中期从福建泉州港起航，途经海南，驶向东南亚地区的贸易商船。"华光礁1号"是我国南中国海远海海域发现的第一艘古船，也是中国第一次发现的有六层船体构件的古船。该船体残长17米，残宽约7.5米，舱深3~4米，发现11个残留的隔舱。[1]2007年对该沉船进行了大规模发掘，出水了上万件珍贵文物。华光礁出水的陶瓷器产地主要为福建南部晋江流域，

"华光礁1号"沉船特展中展出的古钱币（海南省博物馆提供）

---

[1] 俞嘉馨：《南海归帆——由西沙华光礁Ⅰ号沉船说开去》，《中国文化遗产》，2013年04期，第69~75页。

"华光礁1号"沉船舱中码放的瓷器（海南省博物馆提供） 　　"华光礁1号"遗物堆积（海南省博物馆提供）

包括德化、南安、安溪、晋江等，这也印证了当地窑址生产外销瓷的事实。[1]2010年，对西沙群岛海域永乐群岛诸岛礁进行水下文物普查，包括华光礁、北礁、盘石屿等岛礁，发现3处铜钱遗存地点，有北宋皇宋通宝、天圣元宝和明初洪武通宝、永乐通宝等。

水下摄影（海南省博物馆提供）

---

[1] 孙健、李滨、徐海滨：《揭秘华光礁一号沉船》，《华夏地理》，2007年10期，第164页。

053

第四节
新安沉船

新安沉船，20世纪70年代在朝鲜半岛西南部新安海域发现，沉船残长约28米，宽约6.8米。经研究该沉船与泉州后渚沉船船体型线相似，龙骨的构造和链接方式与蓬莱元代沉船一致，其曲线型龙骨和龙骨上的"保寿孔"构造与福建造船传统相符，俗称"七星伴明月"。隔舱壁、舱壁肋骨的构造和装配与1974年发现的泉州后渚沉船建造技术一致，说明该船是建造于泉州的中国远洋帆船。

从沉船的遗物初步推断，新安沉船应该是元至治三年（1323年，沉船遗物中有木牌上保留"至治叁年"的墨迹）从庆元港（宁波港）出发，前往日本博多港进行贸易的海船，反映出当时东亚贸易交流的情况。

沉船发掘出水大量文物，主要有铜钱、陶瓷器、金属器、石材、墨书木简、紫檀木、香料、药材、胡椒和果核等。其中，数量最多的为铜钱，达28吨，皆为中国铸造，年代包括唐、北宋、南宋、辽、金、西夏、元，最晚为元代"至大通宝"。清代之前，中国铜钱是日本的主要流通货币。新安沉船中数量巨大的中国铜钱，体现了宋元时期中日紧密的贸易往来以及日本社会对中国社会高度的依赖关系。

新安沉船中还发现了没有铭文的十两银锭，反映了当时由于海外贸易的需要，白银一直以半公开或隐秘的形式被商民使用。

新安沉船出水铜钱

新安沉船出水铜钱

新安沉船出水银锭

　　福船多见于东南海域，特征为艏艉两端高翘，一般吃水4米。古代福船高大如楼，底尖上阔，首尾高昂，两侧有护板。全船分四层，下层装土石压舱，多用于海上贸易与交通往来。福船稳定范围甚大，能在气候险恶的海域航行，是理想的航运船型。

　　韩国新安沉船船舱使用两根斜行筋骨加固，船体中央安置着一个大型水槽，船体最底下为巨大的龙骨。龙骨由主龙骨、艉龙骨与艏龙骨等三段榫接构成，榫头上有保寿孔，置有铜钱和铜镜，为中国福船的标志。从船底到甲板的左右两舷的舷外板，各由十四排厚度为0.12米的松木板，使用鱼鳞搭接工艺构成。船体中央的船舱与船首的船舱邻接隔舱板处，安装着主桅座与首桅座是为双桅海船。

　　由于新安沉船的船体结构与泉州法石南宋沉船一致，因此韩国新安沉船博物馆馆长崔光南来泉州考察后，在《无等日报》载文："新安沉船的故乡——泉州。"

　　■ 宋元正值中国海上对外贸易的繁盛时期，今天，在海上丝绸之路沿线发现的一系列宋元时期的沉船考古表明，这一时期中国在造船业及制造业方面已具备更大规模的生产能力和更为先进的远洋造船技术，而刺桐港正是具备这一条件的中国海外贸

第三章　沉船出水

055

易大港,被誉为"东方第一大港",先进的造船技术推进了海上丝绸之路贸易的兴盛发展。宋元时期泉州建造的福船,有以下几方面的先进技术:一是水密隔舱技术。这是中国对世界航海的重大贡献。"水密隔舱",就是用厚实的隔舱板把船舱层层隔断,后渚沉船和"南海一号"沉船都具有13个隔舱,防止航行过程中船体撞到礁石漏水,造成沉船,这项技术大大提高了船舶航行的稳定性和抗沉性。二是把北宋的《营造法式》技术用于造船,泉州民间运用《营造法式》中的榫合技术建造了著名的石塔开元寺东西塔,又运用这一技术来建造航海木船,船体龙骨、肋骨、船舱水密隔舱板、船壳等采用榫合的技术,"以全柜枋搀叠而成"的结构成为泉州宋元时期远洋海船建造的特点之一,这种结构的海船整体牢固,适合远洋航行。三是船钉的发明和运用。唐五代时期,泉州的冶炼技术就已十分成熟,泉州后渚沉船考古发现,该船上用的铁钉就有"参"、"别"、"吊"、"插"等多种钉法,铁钉种类有钉帽、钩钉、宽钉、禀钉、锁钉等及方形、圆形、扁形和三角形、菱形等形状。船钉的使用,使泉州建造的福船真正成为牢固的能抗击大风大浪的先进航海船型。四是解决了远洋船舶船员在海上生活必须的淡水问题。泉州发明了堪称宋元时期的造船新材料——桐油灰,用桐油和贝壳烧制成灰加工而成。马可·波罗在游记中写到泉州造船用桐油灰塞缝一节,"先用石灰及碎麻,用某种木油(桐油)搓为一起,三者混合,则成为胶,用以涂船,颇为得用。"桐油化学成分是桐油酸甘油酯,易氧化、聚合反应形成漆膜,坚韧耐水,石灰本身有很强的黏接性,生成的桐油酸钙,有很好的隔水填充作用,这一材料的发明与运用,既解决了船身的漏水问题,又可用"水密隔舱"装淡水,解决了船员在海上必须的饮用淡水问题。五是发明了用于操纵尾舵升降的绞车技术和平衡舵技术。后渚宋代沉船上出土了带有舵轴孔口的舵承座,以及尾部出土的绞关轴残段,说明了宋元时期泉州制造的远洋货船已具备了升降舵的先进技术。同时,泉州航海贸易还具有先进的航海技术,水罗盘、量天尺和针路等先进航海技术在远洋航海贸易中的使用,使得泉州在宋元时期成为世界最先进的造船城市和最大的航海通商港口。宋代泉州惠安人谢履的《泉南歌》中写到"州南有海浩无穷,每岁造舟通异域",这正是宋元时期泉州造船业兴盛和具备先进航海技术的写照。[1]

---

〔1〕 福建省泉州海外交通史博物馆编《泉州湾宋代海船发掘与研究》,海洋出版社,1987年11月第一版。

【第四章】海外通货

海上丝路贸易中的货币体系

宋代的经济繁荣程度可谓前所未有，农业、印刷业、造纸业、丝织业、制瓷业均有重大发展。航海业、造船业成就显著，海外贸易发达，推动了与东南亚、南亚、西亚、非洲、欧洲等地区通商贸易。宋代通行的货币有铜钱、铁钱、白银、黄金和纸币，其中尤以铜钱最为突出，是中国钱币的巅峰期，并大量流入周边国家地区成为当地的流通货币或制造铜器的原料。白银在宋代并没有广泛流通，通常被作为各地上交朝廷税收的手段，以及财富贮藏手段。纸币发明于宋代，在元代成流通货币的主体，纸币是宋代中国对世界货币贸易和货币体系建立的一大贡献。宋元时期中国形成的一套完备的货币体系，不仅影响周边地区，而且随海上丝路影响到沿线国家和地区，推动了海上丝绸之路贸易的繁荣与发展。

第一节
香料和瓷器的货币功能

香料，是中国从海上丝绸之路沿线国家地区进口的大宗货物。宋元时期，中国进口的香料品种多、数量大、用途广。北宋初年，泉州进口的"蕃货"达44种以上。至南宋绍兴三年（公元1133年）共进口香药约200种。[1]徐松《宋会要辑稿》载，南宋绍兴二十五年（公元1155年），从占城运进泉州的商品，仅香料一项即有沉香等7种，共63334斤之多。赵汝适《诸蕃志》载，宋代泉州进口的香料，主要来自渤泥、三佛齐、阇婆、真腊、占城、大食等国家或地区。香料进口甚至对宋代的货币外流产生较大影响。南宋淳祐八年（公元1248年）监察御史陈求鲁指出，导致"钱荒"的原因是铜钱外流和被销钱为器，要求提倡节俭，减少进口香、药、象牙、犀角等异物，以少息漏泄之弊。[2]可见香料进口量之大。元代，香料仍为大宗输入。《马可波罗行纪》

随船出土香料木和胡椒

---

〔1〕 李玉昆：《宋元时期泉州的香料贸易》，《海交史研究》1998年第1期。
〔2〕 李飞等主编：叶世昌著《中国金融通史》（第1卷），中国金融出版社，2002，第270页。

第三卷第160章沙海昂注云:"欧洲人未至以前,其(代指香料——引者注)交易全由中国船舶为之。中国人贩此种香料于印度,重载印度香料而归,尤以胡椒之额为巨",《马可波罗行纪》又载"(爪哇)出产黑胡椒、肉豆蔻、高良姜、荜澄茄、丁香及其他种种香料。……刺桐及蛮子之商人在此大获其利"。[1]

《诸蕃志》载,占城国"买人为奴婢,每一男子鬻金三两,准香货酬之";三佛齐国"番商兴贩,用脑、麝、檀香、草席、凉伞、绢、扇、漆器、瓷器、铅、锡、酒、糖等博易";蓝无里国"番商转易,用檀香、丁香、脑子、金、银、瓷器、马、象、丝帛等为货";南毗国"用荷池、缬绢、瓷器、樟脑、大黄、黄连、丁香、脑子、檀香、豆蔻、沉香为货,商人就博易焉";瓮蛮国"他国贸贩,惟买马与真珠及千年枣,用丁香、豆蔻、脑子等为货"。[2]

《岛夷志略》载,波斯离"贸易之货,用毡毯、五色缎、云南叶金、白银、倭铁、大风子、牙梳、铁器、达剌斯离香之属。"甘埋里"去货丁香、豆蔻、青缎、麝香、红色烧珠、苏杭色缎、苏木、青白花器、瓷瓶、铁条,以胡椒载而返。"乌爹"贸易之货,用金、银、五色缎、白丝、丁香、豆蔻、茅香、青白花器、鼓瑟之属。"[3]

随1974年泉州湾宋代沉船出土的数量最多的是香料,有降真香、檀香、沉香、胡椒、槟榔、乳香、龙涎、朱砂、水银、玳瑁等多种,总重量(未经完全脱水)达4700多斤。香料出于全船各舱,以第二、第五舱为最;香料木长短粗细不一,一般长20~168厘米,圆径0.5~5厘米,有的还用细索捆扎。胡椒出于船舱底部的黄色泥渣中,有5升左右。

随船出土的货签、货牌中是一些商人的商号或名字的标志,用于标记船上货物所属的不同货主。其中,有一部分为船员职称的标记,多为一件,如"纲首""杨工""尤工""三九工""安厨纪"等,是船主以实物形式或提供一定舱位给船员以代替"薪水"。据《皇朝编年纲目备要》记载:"纲运兵士各有地分,不相交越,每舟虚二分,容私商以利舟人。"宋元时期,允许船员携带部分货物以代替"薪水"现象较为普

---

[1] 沙海昂注,冯承钧译《马可波罗行纪》,中华书局,1954,第638、647页。
[2] 上引《诸蕃志》内容,见(宋)赵汝适著,杨博文校释《诸蕃志校释》,中华书局,1996,第9、52、68、108页。
[3] 上引《岛夷志略》内容,见(元)汪大渊著,苏继庼校释《岛夷志略校释》,中华书局,1981,第301、364、376页。

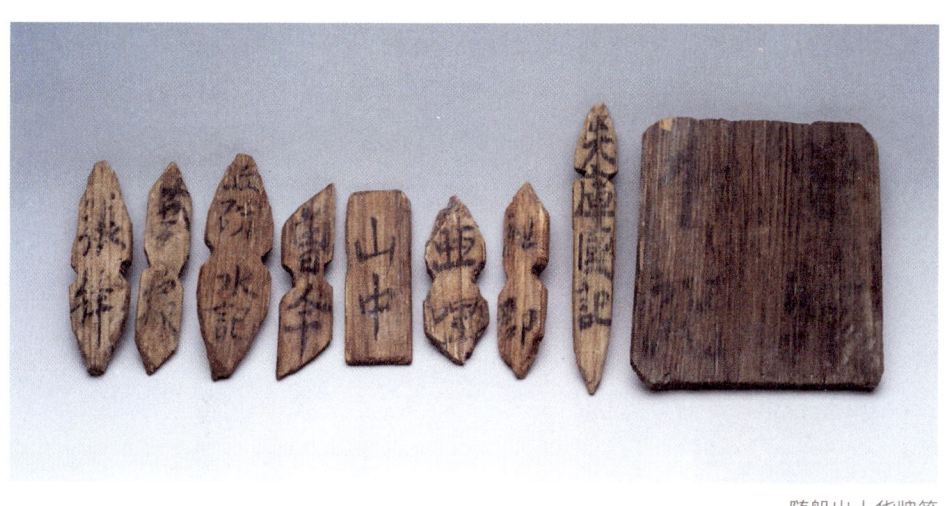

随船出土货牌签

遍，商船甚至由兵士经营的漕船都如此。[1]至明代，朝廷还曾以苏木、胡椒支付官员俸禄。[2]随船出土香料木和货牌，反映了当时进口的香料不仅是大宗货物，也常被用作实物货币的史实。

唐末，中国陶瓷器便已出口海外，《清源留氏族谱·鄂国公传》记载，"（五代时期）陶器、铜铁，远泛于蕃国，取金贝而返，民甚称便"。宋元时期，海运技术的发展为中国陶瓷的大量出口提供了必要条件。泉州的窑址遍布各县，德化县瓷窑大量生产专供外销的瓷器，产品以青白瓷为主，如军持壶、飞凤碗、钵等，远销亚、非五十多个国家和地区。瓷器成了宋代的主要出口商品，其地位不下于丝绸。日本《朝野群载》卷二十《大宰府》条保留宋代两浙市舶司所签发的公凭一件。那上面就明确记载着泉州输往日本的货物除丝绢外就是瓷器。[3]

1974年泉州湾宋代沉船为返航海船，携带的陶瓷器数量不多，但仍可见种类丰富，出产的窑口也很多。而另一艘由中国南方沿海城市驶向南海的商船："南海一号"则运载大量陶瓷器，出土18万余件（套）文物中，瓷器约17万件（套），占比达95%之多。[4]

---

[1] 庄为玑、庄景辉：《泉州宋船木牌木签考释》，《厦门大学学报（哲学社会科学版）》1980年第1期。

[2] （明）申时行等修《大明会典》卷三九《户部二十六·廪禄二·俸给》，《续修四库全书》第789册，上海古籍出版社，2013，第677—680页。

[3] 转引自汶江主编《古代中国与亚非地区的海上交通》，四川省社会科学院出版社，1989，第162-164页。

[4] 国家文物局水下文化遗产保护中心等编著《南海Ⅰ号沉船考古报告之二》，文物出版社，2018。

泉州湾宋代沉船随船出土陶瓷器

1996年在南海华光礁环礁内侧发现的"华光礁1号"沉船遗址，也发现有成摞码放整齐的瓷器。

当时中国陶瓷不仅用于中国与海外的交易，海外国家之间也使用瓷器进行交易。

《诸蕃志》所记的58个国家和地区中，用瓷器进行贸易的就有15个（实际上不只此数），占总数的四分之一以上。如：

凌牙斯国"番商兴贩，用酒、米、荷池、缬绢、瓷器等为货；各先以此等物准金银，然后打博。如酒一瓺，准银一两，准金二钱；米二瓺，准银一两，十瓺准金一两之类。岁贡三佛齐国。"

真腊国"番商兴贩，用金银、瓷器、假锦、凉伞、皮鼓、酒、糖、醯醢之属博易"，并"本国旧与占城邻好，岁贡金两"。

三佛齐国"无缗钱，止凿白金贸易"，"番商兴贩，用金银、瓷器、锦绫、缬绢、糖、铁、酒、米、干良姜、大黄、樟脑等物博易"。

单马令国"番商用绢伞、雨伞、荷池、缬绢、酒、米、盐、糖、瓷器、盆钵粗重等物及用金银为盘盂博易"。

佛啰安国"土产速暂香、降真香、檀香、象牙等。番以金、银、瓷、铁、漆器、酒、米、糖、麦博易"。

蓝无里国"番商转易，用檀香、丁香、脑子、金、银、瓷器、马、象、丝帛等为货"。

渤泥国"番商兴贩，用货金、货银、假锦、建阳锦、五色绢、五色茸、琉璃珠、琉璃瓶子、白锡、乌铅、网坠、牙臂环、胭脂、漆碗碟、青瓷器等博易。"[1]

《岛夷志略》中有也有使用瓷器交易的记载，如：

丹马令"贸易之货，用甘理布、红布、青白花碗、鼓之属。"

---

[1] 上引《诸蕃志》内容，见（宋）赵汝适著，杨博文校释《诸蕃志校释》，中华书局，1996，第45、19、35、36、43、47、52、136页。

麻里鲁"贸易之货,用牙锭、青布、磁器盘、处州磁、水壈、大瓮、铁鼎之属。"

彭坑"贸易之货。用诸色绢、阇婆布、铜铁器、漆、磁器、鼓、板之属。"

东冲古剌"贸易之货,用花银、盐、青白花碗、大小水埕、青缎、铜鼎之属。"

龙牙犀角"贸易之货,用土印布、八都剌布、青白花碗之属。"[1]

这表明在宋元时期,瓷器不仅是我国的主要出口商品,也成为一些国家商人的交易手段。[2]中国外销瓷器与黄金等物品曾被菲律宾、印度尼西亚土著居民视为财富及身份地位的象征,个人或一个家族的财富、社会地位与其所拥有的瓷器数量、种类成正比。可以说,中国陶瓷在海外地区也体现了一定程度的货币职能。

第四章 海外通货

海上丝绸之路沿线出水陶瓷器

---

〔1〕 上引《岛夷志略》内容,见(元)汪大渊著,苏继庼校释《岛夷志略校释》,中华书局,1981,第79、89、96、120、181页。

〔2〕 汶江:《古代中国与亚非地区的海上交通》,四川省社会科学院出版社,1989,第162-163页。

063

第二节
"异域"货贝的流通

早在春秋战国时期，青铜铸币就已取代货贝，成为货币主体。秦朝建立后，货贝退出货币流通领域，中国境内绝大多数地区几乎不再使用货贝作为货币。

但泉州湾宋代沉船出土的海贝中有2000多枚是货贝这一种类，其新旧程度不一，有的穿孔，也有未穿孔的，是其作为货币而非食用的反映。"古老"货贝为何出现在南宋的中国海船上？

其实，海贝作为货币的历史十分久远，从史前到近代，都曾被用作货币。而能被用作货币的海贝，学名叫"货贝"（Monetaria moneta）。它小而坚固，近卵圆形，背面中间凸起，两侧低平，边缘坚厚，壳背面具有2～3条暗绿色横带和一圈纤细的桔红色环纹，但这种环纹常不明显，壳口狭长，灰白色，内、外唇缘齿数有11～13个。货贝广泛分布于西太平洋、印度洋的热带海域；我国沿海除台湾岛、海南岛和西沙群岛外，较少分布。

从世界范围看，中国的货币经济早熟，货贝早已被数量更多的铜铸币取代。但海上丝绸之路沿线国家，14世纪以后，都还在使用货贝作为货币。泉州湾宋代沉船携带的2000多枚货贝，正是东南亚一些部落作为货币所使用的海贝。"齿贝""𧵅子""海𧵅"是这一时期对货贝的称呼。宋代《诸蕃志》载，天竺国（今巴基斯坦、印度、孟加拉、尼泊尔等国）"岁与大秦、扶南贸易，以齿贝为货"，层拔国（今非洲东岸索马里以南一带）"以白布、瓷器、赤铜、红吉贝为货"。元代《岛夷志略》载，针路（今缅甸丹老）"贝子通遏，准钱使用"。大乌爹（今印度奥里萨邦沿海一带）"仍以金钱、鱼兼𧵅子使用。"

宋元时期，中国商人并不排斥使用货贝，这也反映这一时期海上丝绸之路货币体系中各种货币虽发展不平衡，却和谐发展，成为货币体系中的有机组成部分。

第三节

铜钱的外流

两宋时期，中国经济规模与科技实力都达到世界顶峰，农业、手工业与商业十分繁荣，国内外贸易非常频繁，宋朝铸币数量比唐朝多十倍至三十倍。现存古钱中，宋钱几乎占了三分之一。由于国家非常重视铸钱，皇帝明诏下旨，亲自典验新钱，许多钱文均出自帝王之手，因此宋钱在数量或质量上都远远超过前代。宋钱币制统一、铜质优良，在海外信誉极高，《宋史·食货志》记载"钱本中国宝货，今乃四夷共用"，"（铜钱）边关重车而出，海舶饱载而回"，许多铜钱流到辽、金、西夏和海外，一方面造成了中原地区的钱荒，但另一方面流出的铜钱也促进海上丝路沿线国家地区商品经济的发展。

在海上丝路贸易中，大宗交易一般以物易物或使用金银等贵金属货币，而大量小额交易仍然需要用到铜钱。欧洲大航海时代之前，海外诸国将中国铜钱作为主币或辅币普遍行用，产生对中国铜钱的强劲需求。如深受中国经济制度和文化传统影响的高丽、日本、交趾等以铜钱为主币，受阿拉伯、印度等货币制度影响的三佛齐、阇婆等东南亚及其以西各国，以金银为主币，铜钱为辅币。据史料记载，铜钱大量流入高丽、日本、交趾乃至东南亚等地区，甚至宋政府的诸多禁令仍不能遏制铜钱的外流。宋钱在沿线国家的大量出土和传世，也反映了其深得丝绸之路沿途人民的认同与接受，可以说是海上丝绸之路上的硬通货。

南宋《诸蕃志》、元代《岛夷志略》、明初《瀛涯胜览》和《星槎胜览》中部分关于海上丝路沿线国家使用中国铜钱的部分记载：

《诸蕃志》载：阇婆国，（今印度尼西亚爪哇岛或苏门答腊岛）"此番胡椒萃聚，商舶利倍蓰之获，往往冒禁，潜载铜钱博换。"倭国，（今日本）"交易用铜钱，以乾元大宝为文。"

《岛夷志略》载：爪哇，（即古阇婆国，今印度尼西亚爪哇岛）"守常刑，重盐法，使铜钱。俗以银、锡、鍮、铜杂铸如螺甲大，名为银钱，以权铜钱使用。"交趾，(今越南)"流通使用铜钱。民间以六十七钱折中统银壹两。"

《瀛涯胜览》载：锡兰，(今斯里兰卡)"甚喜中国…铜钱…，则将宝石、珍珠换易。"

《星槎胜览》载：榜葛剌国，(今孟加拉)"地产细布、撒哈剌、绒毯……。货用…铜钱…之属。"龙涎屿，(今印度尼西亚苏门答腊岛西北海上的布拉斯岛)"货于苏门之市……一斤该金钱一百九十二个，准中国铜钱四万九十文，尤其贵也。"

▶ **北宋钱币的特征**

| 宋元通宝 |  淳化元宝 |  祥符通宝 |  咸平元宝 |

北宋（960～1127年）时的钱币存在着三大特点：一是钱文有年号和国号之分，铸行的年号有四十五种，版别之多为历代所罕见；二是货币流通具有地方性，有些区域铜铁钱兼用，显示了一种割据的局面；三是钱文书体及币材呈现多样性。

▶ **南宋钱币的特征**

| 建炎通宝 |  绍兴元宝 |  隆兴元宝 |

淳熙元宝

中国第一枚纪年钱币，南宋孝宗淳熙七年起，钱背开始添铸纪年和监名且书体渐趋单一。

咸淳元宝

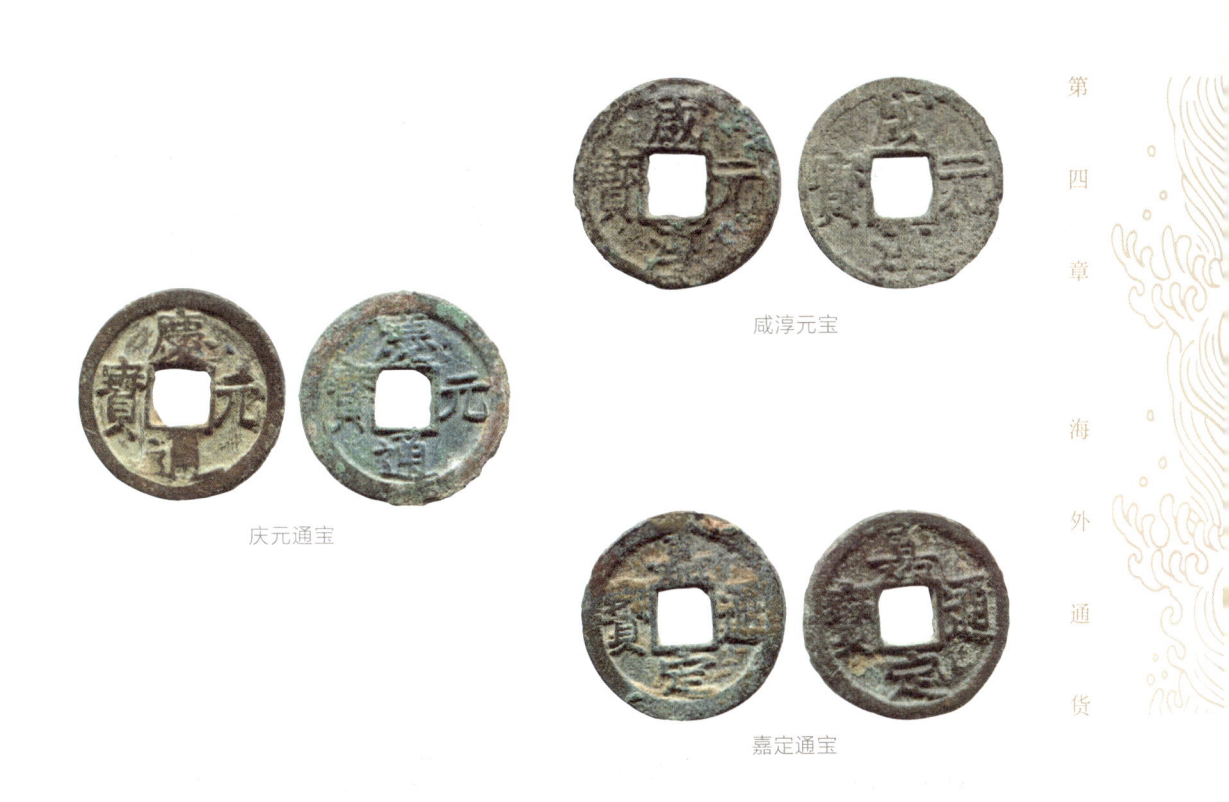

庆元通宝

嘉定通宝

南宋（1127～1279年）因铜源匮乏，发行纸币，铸钱量远比北宋时少。铸币中又以铁钱及折二钱为主。其货币流通的地区性，币材、币值、币名的多样性，比北宋时有过之而无不及。从淳熙七年（1180年）开始，钱币上出现了纪年，纪监文字。

▶辽、金钱币的特征

辽朝（916～1125年）是中国历史上由契丹族建立的封建王朝。金朝（1115～1234年）是中国历史上由女真族建立的封建王朝。辽金均是游牧民族，在当时都仿效中原宋朝铸造方孔圆钱，钱文除用汉字外，还使用本民族文字，如契丹文。

咸雍通宝（辽） 　　寿昌元宝（辽） 　　重熙通宝（辽） 　　清宁通宝（辽）

第四章 海外通货

067

| 大安元宝（辽） |  大定通宝（金朝） |  正隆元宝（金朝） |  泰和重宝（金朝） |

▶元代钱币的特征

　　元朝（1271～1368年）是蒙古族建立的王朝。铜钱在元代不是主要货币，元代正式铸行铜钱只有两次。第一次是武宗至大三年（1310年），铸至大通宝和大元通宝。第二次是在至正年间（1350～1354年）。钱文除用汉字外，还使用八思巴文。

| 至大通宝 |  至正通宝 |  大元通宝 |  天定通宝 |

第四节

金银铜等货币角色

金、银、铜，在有关海上丝绸之路的史料中也常见记载，反映其在当时发挥了一定的货币职能。

如《诸蕃志》载：

真腊国"番商兴贩，用金银、瓷器、假锦、凉伞、皮鼓、酒、糖、酰醢之属博易"，并"本国旧与占城邻好，岁贡金两"。

三佛齐国"无缗钱，止凿白金贸易"，"番商兴贩，用金银、瓷器、锦绫、缬绢、糖、铁、酒、米、干良姜、大黄、樟脑等物博易"。

单马令国"番商用绢伞、雨伞、荷池、缬绢、酒、米、盐、糖、瓷器、盆钵粗重等物及用金银为盘盂博易"。

佛啰安国"土产速暂番、降真香、檀香、象牙等。番以金、银、瓷、铁、漆器、酒、米、糖、麦博易"。

蓝无里国"番商博易，用檀香、丁香、脑子、金、银、瓷器、马、象、丝帛等为货"。

如《岛夷志略》载：

占城"货用青磁花碗、金银首饰、酒、色布、烧珠之属"。

都督岸"贸易之货，用海南占城布、红绿绢、盐、铁铜鼎、色缎之属"。

宾童龙"货用银、印花布"。

真腊"货用银、黄红烧珠、龙段、建宁锦、丝布之属"。

彭坑"凡讲婚姻，互造换白银五钱重为准"。

苏洛鬲"贸易之货用青白花器、海巫仑布、银、铁、水埕、小罐、铜鼎之属"。

八都马"贸易之货，用南北丝、花银、赤金、铜、铁鼎、丝布、草金缎、丹山锦、山红绢、白矾之属"。

明家罗"舶人兴贩，往往金银与之贸易"。

爪哇"俗以银、锡、鍮、铜杂铸如螺甲大，名为银钱，以权铜钱使用"。

苏禄"贸易之货，用赤金、花银、八都剌布、青珠、处器、铁条之属"。

文老古"贸易之货，用银、铁、水绫、丝布、亚仑八节那间布、土印布、象齿、烧珠、青磁器、埕器之属"。

三岛"贸易之货用铜珠、青白花碗、小花印布、铁块之属"。

交趾"贸易之货，用诸色绫罗匹帛、青布、牙梳、纸扎、青铜、铁之类"。

戎"贸易之货用铜、漆器、青白花碗、磁壶、瓶、花银、紫焇珠、亚仑布之属"。

以上有关"博易""贸易之货"的记载中，除了金银制品，如金珠、金银首饰，多数是记作金银或金、赤金、云南叶金、沙金、砂金、紫金、银、花银（成色较纯的银子）、白银的，分布在占南海各地将近一半的地方，因此，金银铜很可能也是充当货币的角色的。[1]

金、银、铜经常出现在海上丝绸之路沿线海域的考古发现中，如——

三沙北礁沉船遗址，位于永乐群岛北端，西沙群岛北礁东北礁盘上。此地从唐代起就是海上丝绸之路的必经之地。经过四次西沙考古调查及水下文物发掘，发现十余处沉船遗迹。西沙海域暗礁多，浅滩横流，船队经过时易触礁沉没或遇滩搁浅，因此留下了大量沉船。沉船中发现铜锭、铜镜、铜剑鞘、永乐年款的瓷器和钱币等大量文物。

1998年，德国打捞公司在印尼爪哇海峡勿里洞水域发现了一艘触礁沉没的唐代船只，因在沉船附近有巨大的黑礁石，故沉船被称为"黑石号"。沉船上发现有中国唐代出产的陶瓷器、金银器及铜镜等文物共6万多件。中国历史博物馆（今国家博物馆的前身）水下考古研究中心与广东省文物考古研究所等单位组成的"南海Ⅰ号水下考古队"，对"南海Ⅰ号"宋代商船进行了水下考古挖掘，打捞出水的还有各类金、银、铜、铅、锡等金属器。仅2014~2016年打捞出水的就有金币总重401克，银币总重290千克以上。[2]

---

[1] 杨晓春：《元代南海贸易中的商品与货币问题——〈岛夷志略〉相关记载的归纳与讨论》，《元史及民族与边疆研究集刊》2018年第2期。

[2] 叶道阳：《"南海Ⅰ号"沉船反映的宋代海上生活辨析》，《中国文化遗产》2019年第4期。

海上丝绸之路沿线出水的货币

新安元代沉船曾出水没有铭文的十两银锭。没有铭文，是民间用银的特点，也反映白银已在海上丝绸之路上作为货币的史实。

秦统一中国货币制度时，规定黄金为"上币"，半两铜钱为"下币"，白银只能作为器饰宝藏。白银在中国被用作货币，要追溯到唐宋时期。唐代，域外白银流入增多，受陆上丝绸之路西域国家用银的影响，白银在中国的货币地位得到增强。当时，白银主要作为财富贮藏的手段，有限的流通也多限于上层社会。宋元时期，由于海上丝绸之路贸易的兴盛，中国白银的存量进一步增加，使用范围也进一步扩大。乾道二年（1166年），宋朝曾以一百万两白银收兑会子；乾道三年（1167年）又用库银二百万两收回会子。金朝于承安二年（1197年）铸行名为"承安宝货"的小型银锭，中国历史上首次出现以法定成色、重量和形制发行的贵金属货币。[1]元代开始采用白银作为价值尺度，中统元年（1260年）发行"中统元宝交钞"，以丝为本，以两为单位。[2]

考古中铜锭的发现，可能与中国的铜外流有关。宋代以铜钱作为主体货币，因"国之钱币，谓之货泉，盖欲使之通流"[3]，朝廷实施"钱禁""铜禁"，包括垄断铜资源开采，禁止违法毁坏铜钱，禁止私铸铜器，禁止钱币乃至铜原材料走私外流，等等。如宋太祖下诏："五贯以下者，抵罪有差；五贯以上，其罪死。"[4]对走私铜钱出境的最

---

[1] 姚朔民主编《中国货币通史》，湖南人民出版社，2018，第278-279页。
[2] 彭信威：《中国货币史》，中国人民大学出版社，2020，第628-629页。
[3] 《续资治通鉴长编》卷一〇九。
[4] 《续资治通鉴长编》卷九。

第四章 海外通货

海上丝绸之路沿线出水铜锭

高判处死刑。南宋重申"禁毁铜钱作器用并贸易下海"[1]，规定"凡山川之出铜者悉禁民采，并以给官铸焉"[2]，禁止私人采炼、占有原铜；规定"私铸铜器、蠹坏钱货……可专委守臣严切禁止"[3]。

但由于"每是一贯之数，可以易番货百贯之物，百贯之数，可以易番货千贯之物，以是为常也"[4]，走私铜钱收益巨大，民间仍然通过走私向海外输出铜，因此，"法禁虽严，奸巧愈密。商人贪利而贸迁，黠吏受赇而纵释，其弊卒不可禁"[5]。铜钱外流难以遏制。同时，民间也有将铜钱熔化成铜锭进行走私。《宋会要辑稿》载："顷年泉州尉官尝捕铜锭千余斤，光灿如金，皆精铜所造，若非销钱，何以得此？"[6]

[1] 《宋史·理宗纪》。
[2] 《宋史·食货志》。
[3] 徐松：《宋会要辑稿·食货三四之三一》。
[4] 包恢：《敝帚稿略》卷一。
[5] 《宋史·食货志》。
[6] 徐松：《宋会要辑稿·禁约二之一四二》。

第五节

市舶银锭与关税

银锭是宋代国家财政收入征收的主要形式之一。近年来，中国南方陆续出土的一些南宋银锭中，发现三件刻有市舶字样的银锭，其铭文内容揭示了市舶司的历史及其收入来源和去向，也印证了海外贸易对宋代中国官方及民间的重要影响。

元代银锭

市舶司是中国唐、宋、元及明初在各海港设立的管理海外贸易的官府，相当于现在的海关。唐代于广州创设市舶使。北宋开宝四年（971年）设市舶司于广州，后陆续于杭州、明州（今浙江宁波）、泉州、密州（今山东诸城）设立市舶司。宋元祐二年（1087年），泉州设立市舶司，嗣后又设来远驿，以接待贡使和外商。南宋时有8个市舶司，主要分布于东南沿岸，江阴、秀洲华亭、秀州澉浦、杭州、明州、温州、泉州、广州。南宋中期，泉州是膏腴之地的望州。市舶收入是南宋王朝财政的主要收入来源，宋高宗说，"市舶之利，颇助国用"。绍兴末国家岁收总额4000余万缗，仅闽广两市舶

市舶司水关　　　　　　　　　　　　市舶司遗址

073

利润200万缗，约占朝廷总收入的二十分之一。

▶ "市舶"字款银铤

这件五十两天基圣节银是淳祐七年（1247年）十二月二十一日两浙路转运司用市舶收入折换成白银上供朝廷的。铭文清楚地交待了这个上供的天基圣节银的来龙去脉，共计十铤，五百两，由朝请郎直秘阁两浙路转运判官尹焕负责办理。这是目前发现的唯一刻有市舶字样的天基圣节银铤，也是一件见证了南宋市舶司收入上缴情况的珍贵历史文物。[1]

天基圣节银

铭文： 两浙路转运司市舶案进奉淳祐七年天基圣节银五百两　每铤五十两计一十铤十二月二十一　朝请郎直秘阁两浙路转运判官臣尹焕上进

戳记： 贾寔　京销　盛㮚　沈执中

【释文】

两浙路，是浙东和浙西路的合称，辖境相当于现在的浙江全省和上海、镇江、金坛、宜兴以东地区。

转运司，宋代各路转运司是掌管粮食、钱币、货物及盐铁的水陆路运输的部门。市舶，即提举市舶司，官方机构。它的主要任务是关税的执行和监督，承担着向商人征收关税、贡品的责任。此外，还承担着检查蕃国船只和货物的责任；对本国商船和商人，也例行严格的检查。对二者的出入港货物、人员等，进行监督和审批。宋代，商人出海贸易，首先要到市舶司去登记，由官方发给证明方可出海。外商到中国贸易，抵达港口时，先要请市舶司检查、抽税、征购。如果是国家的专卖商品，全部由市舶司收购，假如不是专卖品，则酌情收购。征税收购后，市舶司给以凭证，方可与民交易。

淳祐七年（1247年），南宋理宗赵昀的年号。

天基圣节，即是理宗的生日，届时各地官员都要进献金银钱帛等财物。南宋庆元年间（1195～1200年）的《辇运令》规定：上供金银要用上等的成色，白银要鞘成铤，大铤五十两，小铤二十两。并在银铤上要刻明字号、官吏职位、姓名等。

朝请郎，官名，宋初沿用唐代朝请郎的官名，正七品。

直秘阁，官名，淳化元年（990年）始设，以朝官充任。

转运判官，即转司的官员，负责一州的谷物、财货的水陆转运与出纳。

尹焕，据《临安志》记载：任淳祐六年、七年两浙路转运判官。

京销，是南宋银铤中最为常见的戳记铭文，意思是京城金银交引铺销铸。

贾寔　京销　盛㮚　沈执中，显示其原来是京城临安的金银交引铺打造的京销铤银，后被两浙路转运司买去折换市舶收入。

[1] 李小萍：《南宋两浙路市舶案银铤考》，《东方收藏》，2011年第12期，第104～105页。

●《马可·波罗游记》中对泉州市舶司的主要职责之一"抽解"的描述

"抽解",又叫"抽分",即征税。朱彧《萍州可谈》卷2解释说:"凡舶至,帅漕与舶监官莅阅其货而征之,谓之抽解。"从全部货物中抽出若干分作为税收之意,是国家征收的一种实物形式的市舶税。

《马可·波罗游记》载:"刺桐(泉州)是世界最大的港口之一,大批商人云集于此,货物堆积如山,买卖的盛况超出想象。此处的每个商人必须付出自己资本总数的百分之十作为税款,所以大汗从这里获得了巨大的收入。"

马可·波罗画像

● 泉州市舶司与海外贸易管理

北宋初年,只在广州、杭州、明州设市舶司。泉州商人到海外贸易者须到广州或两浙市舶司"请给官券",带来诸多不便。哲宗元祐二年(1087年),福建市舶司设置于泉州。市舶司的主要职责是"掌蕃货海舶征榷贸易之事,以来远人,通远物"。明朝市舶司职责发生变化,以管理朝贡事务为主。征榷即抽解、禁榷、博买,这是市舶司的主要职责。

市舶司的职责主要包括:根据商人所申报的货物、船上人员及要去的地点,发给公凭(公据、公验),即出海许可证;派人上船"点检";"阅实"回港船舶;对进出口的货物实行抽分制度,即将货物分成粗细两色,官府按一定比例抽取若干份,这实际上是一种实物形式的市舶税;所抽货物要解赴都城(抽解);按规定价格收买船舶运来的某些货物(博买);经过抽分、抽解、博买后所剩的货物仍要按市舶司的标准,发给公凭,才许运销他处。

宋朝重视海外贸易,鼓励外商来华贸易,指派市舶司使臣到海外"诏诱"蕃商来华贸易。招徕时,蕃船来港后,有阅货之宴,临行前有犒设之宴。绍兴十四年,泉州依照广州市舶司体例,每年遣发蕃商之际,"支破官钱三百贯文,排办筵席",市舶司官员、地方官员、蕃汉纲首等参加,体现朝廷对海外贸易的重视。

《诸蕃志》记载的泉州出口商品

国家或地名	品　名	国家或地名	品　名
占　城	绢扇、瓷器	佛啰安	瓷器
真　腊	假锦、瓷器	故　临	缬绢、瓷器
三佛齐	锦绫、缬绢、瓷器	层　拔	白布、红吉贝、瓷器
单马令	绢伞、缬绢、瓷器、盆钵	渤　泥	假锦、建阳锦、五色绢、白绢、青瓷器
凌牙斯加	缬绢、瓷器	麻　逸	瓷器
细　兰	丝、帛、瓷器	三　屿	皂绫、缬绢、瓷器
阇　婆	五色缬绢、皂绫、青白瓷器	新　罗	五色缬绢

参考《泉州海外交通史略》

▶泉州港进出口主要商品

宋代,泉州对外出口商品主要是丝绸和陶瓷,进口的主要商品是香料。据赵汝适《诸蕃志》和赵彦卫《云麓漫钞》等史籍记载,当时泉州出口的商品主要有丝织品、瓷器、金、银、金银器皿、铜钱、赤铜、铅、锡、铁鼎、铁钉、漆器、胭脂、酒、草席、伞、皮鼓等;进口商品主要有宝货类的珠贝、象牙、犀角、珊瑚、玛瑙、琉璃,香药类的乳香、沉香、降真香、安息香、檀香、龙涎香、木香、丁香、没药、血竭、苏木等,进口的香料达320多种,占进口商品总数的三分之一以上。1974年泉州湾后渚出土的宋船船舱内有香料药物2350多公斤,占全部出土物的绝大多数。

▶反映海外交通贸易的祈风石刻

位于南安市丰州镇旭山村的九日山上,有历代石刻共75方,其中反映海外交通的祈风石刻10方,记载从南宋淳熙元年(1174年)至南宋咸淳二年(1266年)泉州郡守偕市舶官员为番船祈风,预祝一帆风顺、满载而归的史实,被列为全国重点文物保护单位。这些石刻是古泉州海外交通的重要史迹,也是我国与亚欧非各国人民友好往来的见证。

九日山祈风石刻　　九日山祈风石刻

第六节
中国纸币流通与对外贸易影响

宋元时期，纸币成为主要流通货币的一个重要的原因，是铜钱在对外贸易中的大量流出。两宋时期，中国钱币被周边国家广泛接受，不少周边国家以宋钱作为本国的流通货币，这导致铜钱大量外流，铸钱数量难以满足商业流通需求，加之铜钱满足不了国内流通货币量增长的需求，成为促使宋朝发行纸币的重要原因。在印制和管理纸币流通的过程中，中国逐渐形成了一套较为完备的"钞法"。元代纸币在中亚、明代纸币在东南亚都曾流通使用，买卖商品。《岛夷志略》记载，交趾（时称安南大越国，在今越南北部）国流通铜钱，交易时"民间以六十七钱折中统钞一两，官用止七十为率"；乌爹国（在今缅甸）"每个银钱重二钱八分，准中统钞一十两，易贝子计一万一千五百二十有余，折钱使用"。贝是一种贝壳币，在罗斛国（在今泰国华富里）、暹国（在今泰国宋家洛一带）、北溜（今马尔代夫）等地也流通。

中国的纸币也对周边及其他国家产生了深远的影响，波斯、日本、朝鲜、越南等国都曾仿照中国元、明两朝使用过的纸币进行仿制。波斯仿元朝使用纸币发生在伊利汗国时期，伊利汗国纸钞从其形制、面额到发行管理几乎完全都是照搬元朝的纸币制度。伊利汗国的纸币为长方形，印有汉字、阿拉伯文纪年及穆斯林祈祷时用语"除了真主之外，另无它神，穆罕默德是真主的使者"，这也是中亚地区伊斯兰货币上的习用铭文。波斯语中至今仍将纸币称作"钞"（Chao），影响之深可以想见。[1]

▶ 北宋"交子"

北宋交子，是世上最早发行的纸币。北宋四川地区由于铸钱的铜料紧缺，政府为弥补铜钱的不足，在当地铸造铁钱。因使用铁钱进行大额交易十分不便，四川民间产生新的交易媒介——交子，此为私交子。

---

[1] 戴建兵：《中国古代纸币对亚洲国家的影响》，《金融时报》，2000年6月30日。

最初的交子由商人自由发行，是一种用树皮纸印刷的凭证。这种临时填写存款金额的楮纸券便谓之"交子"。后因发行商拮据或破产不能兑现被禁止发行。仁宗天圣元年（1023年），在四川设置益州交子务，次年发行官交子，并"置抄纸院，以革伪造之弊"。交子以两或三年为一界，界满收旧换新，每界确定最高发行限额，用铁钱作发行准备金。

开始时，交子主要限定在四川地区，后扩大到陕西和京西等地。但是，北宋政府不能有效地控制纸币发行量，交子的泛滥和政府信用的丧失导致了通货膨胀，交子废止。

▶南宋"会子"

会子，是南宋于高宗绍兴三十年（1160年）由政府官办、户部发行的纸币。先在临安地区使用，叫"东南会子"，后来推行到两淮、湖北、京西等区域。除了盐本用钱以外，其余各种用途，差不多都可以用会子。随着会子发行量的逐渐增多，为防止伪钞的流通，会子的发行开始分界，分界即期限。但很快国家财政的困难就使会子的兑界和界额遭到破坏。至淳祐七年（1247年），会子恶性膨胀，难以造新换旧。

▶元代纸币

元朝币制的最大特点是长期、广泛、大量地发行和流通纸币。元代纸钞是古代流

中统元宝交钞（壹贯文，正背面，中国钱币博物馆提供）

中统元宝交钞（壹贯文），"中书省提举司"，长296毫米，宽213毫米。

发行于中统元年（1260年），有十种面额，即十文、二十文、三十文、五十文、一百文、二百文、三百文、五百文、一贯文、二贯文。中统元宝交钞先后印造于两个时期，一是中统元年～至元二十四年（1260~1287年），一是至大四年～元末（此间印钞又分至大四年～至正十年钞和至正十年后加盖"至正印造元宝交钞"印钞两个阶段）。

通地域最广、流通时间最长、制度最完备的法定纸币，已经具备了近现代纸币流通管理政策的雏形，如国家集中管理金银发行纸币、禁止金银出口、禁止金属货币流通、平准钞价、统制物价等等。元朝版图辽阔，横贯欧亚，由于纸币本身轻便，携之可"北逾阴山，西极流沙，东尽辽东，南越海表"。这使当时的欧洲人觉得不可思议，马可·波罗在他的游记里写道："纸币流通于大汗所属领域的各个地方，没有人敢冒着生命危险拒绝支付使用……用这些纸币，可以买卖任何东西。同样可以持纸币换取金条。"

元代纸币主要经历了中统元宝交钞、至元通行宝钞、至正中统交钞三个时期。元钞形制有许多特点：（1）不分界，不定期限，不立年月，永久通用；（2）不限地域，可在全国流通；（3）由中央统一规定发行和管理制度；（4）既要集中发行，更注重调节钞券的流通数量；（5）准许外国仿效，如印度、日本、波斯等国。

▶ 古老贝币与纸币的贸易

费信，明朝吴郡昆山人，通晓阿拉伯文，永乐、宣德年间曾随郑和四次下西洋，任翻译官，并把途中所见所闻及亲身经历一一记下，写下了《星槎胜览》，所著卷1《暹罗国》记载："（暹罗，今泰国）海𧵅代钱通行于市，每一万个准中统钞二十四贯。"海𧵅是暹罗国的流通货币。中统钞是元代纸币，怎么用在明代？元代是一个几乎以纸币为主要流通货币的朝代，由于疆域辽阔、国力强大，纸钞也流通到周边国家。货币的使用具有"惯性"，使中统钞在元朝灭亡后的一段时间里仍在海外的部分地区流通。

元钞不仅可以在中国境内使用，也可以在海上丝路沿线国家流通使用。除以上《星槎胜览》的记载外，元代汪大渊著《岛夷志略》也提到了元钞与当地货贝的兑换使用情况，"（乌爹，又作乌叠、乌丁，一说印度古国，在今印度东部奥里萨邦东北；一说缅甸孟族所建白古国）每箇银钱重二钱八分，准中统钞一十两，易𧵅子计一万一千五百二十有余，折钱使用""（罗斛，今泰国南部素攀武里一带）法以𧵅子代钱，流通行使，每一万准中统钞二十四两，甚便民。"如果没有发达的商品贸易以及完备的钞法为纸币的国际流通提供了坚实的经济基础和制度保障，作为信用货币的纸币在域外流通使难以想象的。

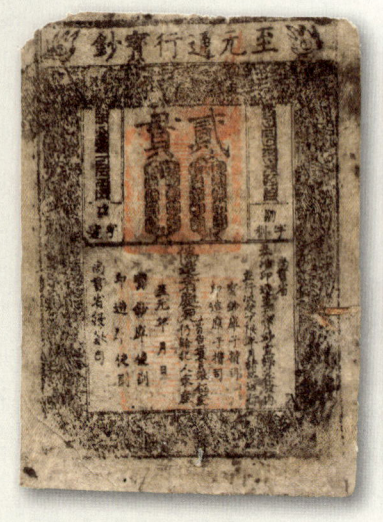

至元通行宝钞（贰贯，正背面，中国钱币博物馆提供）

至元通行宝钞（贰贯），"尚书省提举司"，长303毫米，宽221毫米。

1287年开始印行。面值自二贯至五文凡十一等，是元代使用时间最长的纸币。以桑皮纸制，呈深灰色。元政府为配合发行至元钞而颁布的《至元宝钞通行条画》十四款，是世界上最早的较完备的币制条例，对后世的纸币流通制度有着很大的影响。

▶《伊本·白图泰游记》关于刺桐城纸币使用的记载

中国人交易时，不使用金银硬币，他们把得到的硬币，如上所述铸成锭块。他们交易时却使用一种纸币，每纸大如手掌，盖有素丹的印玺。如该项纸币旧烂，持币人可去像我国的造币局一样的机构，免费调换新纸币（注：《元史》及马可·波罗所记，兑换新钞时，须贴水三分），局内主管人员都由素丹发给薪俸。该局由素丹派一大长官主持。如有携带金银硬币去市上买东西者，则无人接受。

▶雅各《光明之城》关于纸币和"飞钱"的记载

雅各《光明之城》多处记载关于纸币和飞钱的使用情况，如书中提到"商人们都可以迅速地经营商业贸易，获得较大的利益。他们也用金钱、纸币或者其他许多交易的手段来付款"。

关于"飞钱"的发行和币值是这样描述的："由于金属的短缺，迫使他们使用纸做的钱，他们称之为飞钱（fescieni），他们用它而不是黄金和白银来买进或卖出，因为在蛮子王所统辖的所有地方都可以使用那些纸币。关于这种纸币，每5张就相当于一

sommo 银的价值，由国王委派专人负责在纸币上写上他的名字，做上他的记号，而那些大汗的纸币上则盖有朱红色的印章。"

▶ "昏烂钞印"印章

1955 年在浙江省杭州市西湖浚湖挖泥过程中，先后发现 4 方钞印，印文相同，两大两小。该印为铜质，长方形。印文为"昏烂钞印"4 字，竖行阳文隶书体，周饰边框。印背中部为橛钮，呈扁长方形；背款刻于印纽两侧，为阴文楷书体。大者印背右刻"江东道宣慰使司"7 字，小者印背右刻"江东道宣慰司"6 字，左款均为"至元二十五年三月日造"十字。大者印长 15.5～15.9 厘米，宽 5～5.1 厘米，通高 8～8.5 厘米；小者印长 9～9.1 厘米，宽 4.1～4.3 厘米，通高 8.8 厘米。这种"昏烂钞印"是加盖在昏烂纸钞的印章，及注销印，被注销的昏钞会送去烧毁库烧毁。[1]

昏烂钞印

■ 宋元时期，中国商品经济空前繁荣，内外贸易蓬勃发展，朝廷财政收入大部分来自商业税和关税，是典型的重商主义朝代。宋代铜钱铸造数量也是历朝历代中最多的，同时大量中国铜钱通过海外贸易流向海上丝绸之路沿线国家，"钱本中国宝货，今乃与四夷共用"，海外"甚喜中国铜钱"，"海舶饱载而归"，成为当地的流通货币。从世界货币的发展角度看，国际货币在以西班牙银元为代表的银本位和以英镑为代表的金本位之前，是以中国铜钱为代表的铜本位，中国铜钱是欧洲大航海之前的最具影响力的国际货币。

---

[1] 霍宏伟：《中国国家博物馆藏元代昏烂钞印考》，《中国国家博物馆馆刊》，2011 年第 10 期，第 143～155 页。

泉州作为当时中国最重要的对外港口的，不仅成为中国货物输出的重要港口，也通过对外贸易输出了大量中国铜钱，促进了海上丝路沿线国家商品经济的发展。《宋史·食货志》记载："广、泉、明、秀，漏泄铜钱，坐其守臣。"包括泉州在内的中国各主要港口成了铜钱外流的重要通道。泉州商人也参与到铜钱的出口贸易中，《建炎以来系年要录》记载有位泉州商人"夜以小舟载铜钱十余万缗入洋，舟重风急，遂沉于海川。"从回港和出港的古船携带铜钱的数量比较，我们也不难看出，确实有大量铜钱通过海船运往了海外。1974年出土的泉州湾后渚沉船是一艘回港的远洋海船，船上残留504枚铜钱，甚至不够南海一号上17000余枚铜钱、新安沉船上28吨铜钱的零头，后两艘都是出港的海船。

宋元时期，繁盛的经济也孕育了繁荣的货币文化和发达的货币体系。中国的货币种类丰富，货币体系健全，市场上既有铜钱、铁钱、金银流通，也有纸币的发明和推广使用，既有中国货币，也有他国货币。作为"东方第一大港"，泉州出产的瓷器、刺桐缎、茶叶成为海上丝路上的"抢手货"，同时泉州也成为输入蕃货的港口和集散地，吸引着各地客商前来采购商品，因而也使泉州成为海上丝绸之路上开放发达的贸易和货币市场，不同国家地区的货币都能在这里兑换和使用。《马可·波罗》游记中说，"大批制成品在城中出售，一个威尼斯银币可以买到八个瓷杯。"反映了当时外国人已经可以在泉州使用本国货币采购商品。泉州湾后渚沉船上携带回2000多枚货贝，以及《诸蕃志》《岛夷志略》中大量记述各国货币与中国铜钱、纸钞兑换比率，说明当时不同国家货币在泉州这个国际化都市使用，是相当普遍的。由泉州客商带往海外的纸币，能够在域外流通，也反映出当时泉州繁荣的商品贸易和完备可靠的货币制度。

在货币的使用上，10～14世纪海上丝绸之路也具有很强的包容性，陶瓷和香料等成为实物货币，支撑了大宗商品的贸易互通，古老的货贝和中国铜钱都可以流通，先进的纸币和不同国家的货币都能够兑换或使用，呈现不用国家、不同时期货币共同流通的特点。在中国的市场上，还可以使用外国货币购买商品。其中，中国的铜钱因信誉良好、铸造精致、规格统一等显著的币制先进性，很好地适应了这一历史时期的海上丝绸之路国家生产力发展水平，成为一种被沿线各国和地区广泛接受和欢迎的硬通货，不仅促进不同国家和地区间的贸易往来，中国铜钱的流入，也使海外地区百货通流，极大地方便了商品交易的进行，加速催化了当地商品经济和货币经济的发展，提升了当地人民的生活水平。

海上丝绸之路货币体系，是一种建立在互惠互利、和而不同、相互包容基础上，共同服务于海上丝绸之路贸易的流通和支付手段，无不体现货币的"初心"和使命。

【第五章】怀柔远人
郑和下西洋与朝贡贸易

1405～1433年，郑和进行的"下西洋"朝贡贸易是中国古代规模最大、海上时间最久的远洋航行。郑和的船队曾到达过爪哇、苏门答腊、苏禄、彭亨、真腊、古里、暹罗、阿丹、天方、左法尔、忽鲁谟斯、木骨都束等30多个国家，最远曾达非洲东岸，象征着中国航海史上的一个高峰。根据史料记载，郑和下西洋带有2万多人，一共有200多艘海船，形成庞大的舰队。据洪保墓志铭记载，郑和下西洋乘坐的"大福号"巨轮，排水量达到5000料，约合现在的2500吨。在郑和下西洋一百年之后，发现新大陆的哥伦布的船最大排水量不过250吨，连同船队的另外两艘小船加起来不过400吨。郑和下西洋目的在于向海外各国宣扬明朝国威，建立明朝与各国的友好关系，同时也促进中国与海外各国的贸易。

　　郑和下西洋，向海外传播科学文化、典章制度、文教礼仪、宗教艺术等中华文明，将中国在建筑、绘画、雕刻、服饰、医学等领域的精湛技术带入亚非国家，向当地人民传授凿井、筑路、捕鱼技术，推广农业技术和农作物栽培方法，推行货币、历法、度量衡等，在中外文化交流史上写下了辉煌的篇章。郑和下西洋期间，还通过多种形式与当地开展和平贸易，互通有无，推动了中国和这些国家的经济发展。下西洋的官船运载瓷器、布匹、纱罗、彩绢、锦缎、漆器、货币等货品到海外；同时在返程中也购买或交换中国所需的海药香料、瓷器染料、金银珠宝、象牙犀角和珍奇异兽等。

第一节
海上丝路航线上的永乐通宝

朝贡贸易即贡赐贸易,周边各国向中原王朝帝王进贡,中原王朝帝王回赐。明朝推行朝贡贸易,郑和下西洋把朝贡贸易推向高潮,大量中国铜钱作为赏赐输往海上丝路沿线国家。

当时西洋、南洋许多国家流通使用中国铜钱。明代马欢著《瀛涯胜览》爪哇国条目记载:"(爪哇国)中国历代铜钱通行使用","买卖交易行使中国历代铜钱";旧港国(今印度尼西亚苏门答腊岛东南岸)条目记载:"(旧港国)市中交易亦使用中国铜钱,并用布帛之类";锡兰国对"中国麝香、苎丝、色绢、青瓷盘碗、铜钱、樟脑甚喜,则将宝石珍珠换易"。1531年麦哲伦抵菲律宾宿务时,已见毛洛先民用铜币作为贸易媒介,这种圆形方孔用绳子穿缚的铜钱来自中国,曾在南岛一带流通,西班牙人称之为Picis。

永乐三年(1405年)至宣德八年(1433年),郑和率庞大的船队七下西洋,随船携带大量商品,考虑到海外诸国对中国货币的强烈需求,同时装运大量铜钱"永乐通宝"。1975年12月初,在北礁西北海域礁盘外侧发现并打捞出一批重要文物,其中有1万多枚铜钱,多是全新的未流通使用的永乐通宝钱,因当时只有官方才能有权调配新币,且水下文物发现位置又与郑和下西洋的时间、航线、货物记载吻合,可推测该批永乐通宝钱很可能为郑和下西洋船队中的一艘沉船所遗留。

永乐通宝钱主要用于对外贸易和赏赐,因此在国内出土的数量较少,但近代以来在南海和国外很多国家、地区不断发现大量的永乐钱。如1930年日本学者人田整三对日本18个地方所发掘铜钱进行分析统计,总数有554714枚,中国钱占99.8%,其中"永乐通宝"有29225枚,占明钱的73%,永乐钱在10种数量最大的铜钱中占第六位。南中国海及环印度洋周边国家和地区,从肯尼亚、坦桑尼亚到阿曼、伊朗,从斯里兰卡、印度到泰国、马来西亚,都有出土发现永乐钱的记录。永乐十九年(1421年),朝廷一度颁布停止下番的规定中就提到"下番一应买办物件并铸造铜钱,买办麝香、生铜、荒丝等物暂停……"(《明成祖实录》卷236),也说明当时铸造永乐通宝的目的是用于朝贡贸易。[1]

大中通宝

永乐通宝　　　　　　万历通宝

嘉靖通宝　　　　　　崇祯通宝

大明通宝　　　　　　永历通宝

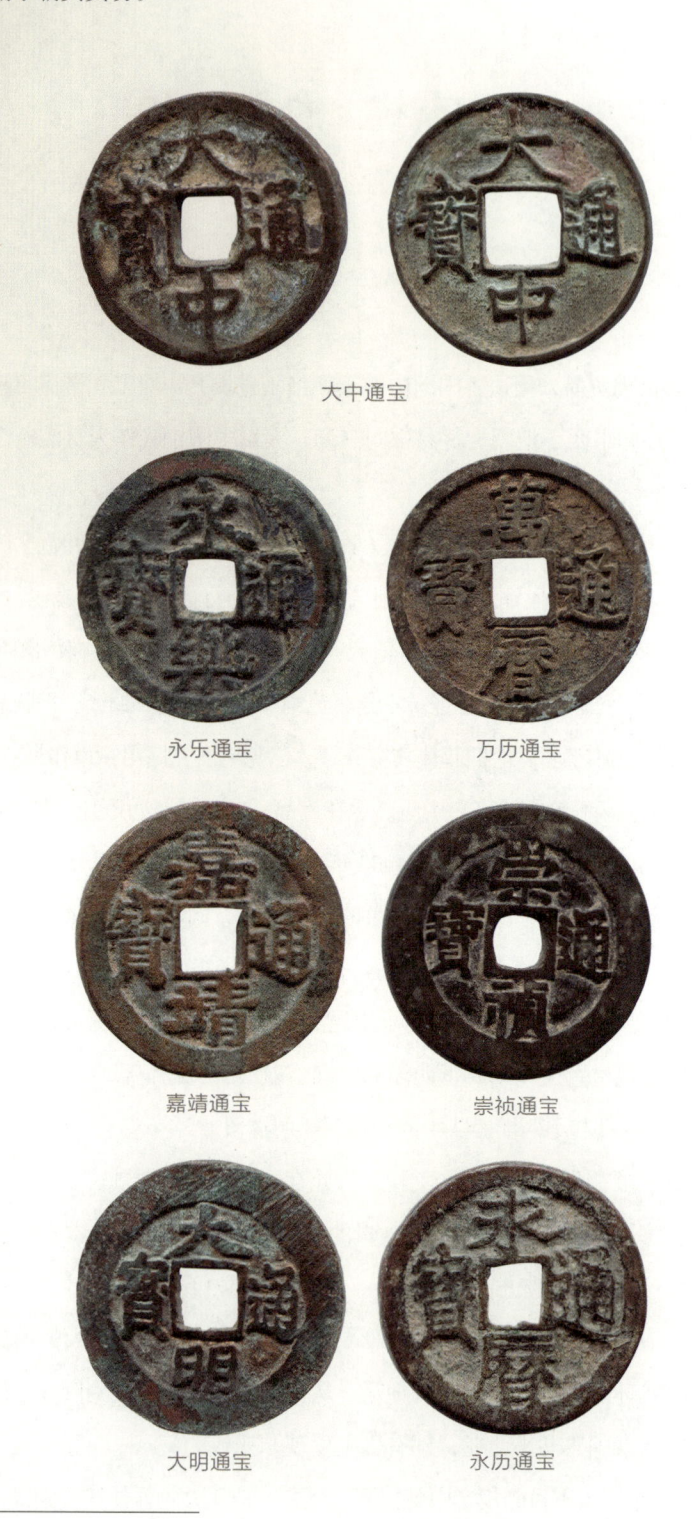

[1] 叶伟奇:《郑和下西洋与"永乐通宝"》,《收藏》,2010年04期。

第二节

从西洋买到的金锭

黄金是一种天然的世界货币，在史前时期已经被认知和重视，被多数国家和地区用作流通货币。郑和下西洋，在与航线各国进行贸易交往中，购买了大量来自西洋的金银珠宝。

2001年4月至5月，考古工作者在湖北钟祥市瑜坪山（今龙山坡）发掘了明梁庄王朱瞻垍（1411~1441年）的墓葬，出土文物5000余件，其中仅金、银、玉器、珠宝等就有4800件，其中一件刻有铭文的金锭非常重要，铭文明确标明它是来自西洋的贡金。它是目前唯一一件考古发现有铭文记载的与郑和下西洋有关的文物。

永乐十七年（1419年），正是郑和第五次下西洋归来之时。郑和第五次下西洋的具体时间是1417年5月至1419年8月，可以确定该金锭就是郑和宝船用所买的一批黄金制作的。另据《明英宗实录》记载："天顺二年司礼监太监福安奏：'永乐、宣德间……屡下西洋收买黄金、珍珠、宝石诸物，今停止三十余年，府藏虚竭。'"也印证了这些金器的来源。由于明朝亲王婚礼有朝廷赏赐"定亲礼物"金锭五十两的制度，因此这件由郑和带回存于内库的金锭后来就赏赐给了梁庄王。该金锭铭文的发现，不

湖北省博物馆藏梁庄王墓出土五十两金锭，郑和下西洋时文物

长13厘米，宽9.8厘米，厚1厘米，重1937克。
铭文："永乐十七年四月 日西洋等处买到 八成色金壹锭五拾两重。"

但为郑和第五次下西洋与各国进行朝贡贸易补充了宝贵的材料，而且为证实梁庄王墓中的珠宝是郑和下西洋的产物提供了可靠的证据。

郑和在第二次航程中，在锡兰加异勤寺院立了布施碑，用汉、泰米尔和波斯三种文字镌刻。汉语碑文记载的是郑和为祈保航海平安，向神佛敬献供品的情况；泰米尔语碑文则表示对南印度泰米尔人信奉的婆罗门教保护神毗瑟奴的敬献；波斯语碑文表达的是对伊斯兰教信奉的真主的敬仰之情。这块镌刻着三种不同宗教文字的石碑反映了郑和的和平外交思想。历史证明，郑和船队所到之处，都是友好交往，馈赠礼品，迎送使节，和平贸易，参与宗教礼仪等，而不是炫耀武力，进行侵略。

据石碑碑文记载，郑和船队的这次布施活动规模宏大，带来了丰厚的香礼，其供物有：供养金一千钱、银五千钱，各色丝五十匹，织金丝宝四对（红二对，黄一对，青一对），古铜香炉五个，金座金红香炉五个，金莲花五对，香油二千五百斤，蜡烛一十对，檀香一十炷。这次规模宏大的对锡兰山佛寺布施活动，弘扬了佛教文化，使当地民众及各国香客、商贾目睹中国佛教徒的虔诚，增进了中国和锡兰山国人民的友谊。同时，郑和使团举办宏大佛寺布施活动，充分显示了明王朝的富有，提高了明王朝威望，扩大了明王朝在海外影响。

郑和船队模型

第三节

郑和与泉州

泉州为郑和下西洋所经之地。永乐五年（1407年）郑和责令福建镇守官重修泉州天妃宫，此后差内官及给事中、行人等官出使琉球、暹罗、爪哇、满剌加等国，以祭告为常。妈祖是古代航海者祈求保佑的主要神祇，郑和既乞求伊斯兰教和佛教的保佑，也乞求海神天妃的保佑。永乐十五年（1417年），郑和在第五次下西洋时，专程到泉州灵山圣墓行香，祈求灵圣庇佑且立碑为记。碑文云："钦差总兵太监郑和，前往西洋忽鲁谟厮等国公干。永乐十五年五月十六日于此行香，望灵圣庇佑。镇抚蒲和日记立。"

泉州是宋元时期著名的世界大港，海外交通发达，有一批熟悉西洋航路和航海技术舟师和修造海船的匠师，又有许多熟悉阿拉伯、波斯、南洋等地情况的人才。所以，郑和下西洋时来此补充船队技术人员、采购朝贡商品、寻找翻译等。据史料记载，随郑和下西洋的泉州人有：因下西洋有功加封泉州卫镇抚的阿拉伯海商蒲氏集团后裔蒲和日，以身殉职的永春人刘孟福，随郑和下西洋、留在菲律宾担任行政长官的本头公等。

郑和行香碑

永乐十五年（1417年），郑和第五次率队下西洋，船队驻泊泉州，并赴灵山拜谒圣墓，并立碑记叙此事。碑高100厘米，宽42厘米。

泉州天后宫

位于泉州市区南门天后路一号，始建宋庆元二年（1196年）。永乐五年（1407年）郑和责令福建镇守官重修泉州天妃宫。现存建筑群规模较大，保存较好，仍保留一些宋代构件和明清时代木构。1988年，泉州天后宫成为大陆妈祖庙中第一座被国务院审定公布的国家重点文物保护单位。

▶郑和宝船与泉州海船

郑和宝船为福船型，这是学术界比较一致的看法。泉州是宋元造船基地，朝廷多次命泉州造船。宋人谢履《泉南歌》云"州南有海浩无穷，每岁造舟通异域"。《太平寰宇记》将"海船"列为泉州土特产。宋代福建泉州所造海船质量居全国之首，宋人吕颐浩云"南方木性与水相宜，故海舟以福建为上，广东西船次之，温、明船又次之"。据《明实录》载，永乐元年五月辛巳，"命福建都司造海船一百三十七艘"，永乐二年正月癸亥"将遣使西洋诸国，命福建造船五艘"。此处虽未指明福建何地制造，但根据泉州造船史及海外交通史，可以推测郑和宝船部分在泉州制造。

▶接官亭与郑和的传说

泉州台商投资区百崎湖畔有一座古老的四角凉亭，此亭坐北朝南，由古朴的纯花岗岩建造，这就是接官亭，与后渚古港隔水相望，是百崎回民始祖郭仲远于明初捐资建造的。该亭为石构四角攒尖顶，面宽7米，进深6.7米，通高5米，亭中4根金柱围成一小"口"形，外由12根檐柱围成一大"口"形，16根柱围成一"回"字。关于这座石亭名称来历的传说与郑和第五次下西洋有关。

相传明永乐十五年（1417年），三宝太监郑和总兵奉旨第五次下西洋，途中到泉

百崎接官亭

州港候风。出生于云南回民家庭的郑和亲自专程到灵山圣墓行香，每逢星期五主麻日又到清净寺礼拜，在这里他结识同样前来礼拜的郭仲远，获知后渚港对岸聚居有这支百崎郭氏回民。出自回民之间的族谊，郑和不惜纡尊降贵，过江探访。郭仲远家族一时苦无迎宾驿馆，遂假于渡口这座凉亭摆设香案，携众儿孙在此恭贺钦差太监。此后，百崎回民为纪念郑和来访，将此亭称为接官亭。据说初时设置的石桌石椅都非常粗糙，石椅是圆柱形的础石，石桌面正中还阴雕一副棋盘的格局，当年郑和与郭仲远曾在这里多次对弈。明永乐二十年（1422年），郑和第六次下西洋返回，途经泉州作短暂的逗留，遂再度造访。

　　明初实行海禁政策，目的在于防范退居海岛的国内反抗残余势力，以及来自海外的倭患。但明朝仍然重视维护和发展与海外各国的关系，即使在明初忙于稳固国基，几乎年年用兵的情况下，朱元璋仍然遣使海外各国，并通过减免税费等

乾隆年间重修接百崎接官亭碑记

清乾隆三十六年（1771年）修葺百崎接官亭，在东侧后面立《重修桥尾亭塔碑记》，碑文中记载了当时捐资修亭的情况："郭吕观瑶苞观勒观以上各出银三大员……李暖观出钱四百……"其中，"大员"指的是西班牙银元（佛银），"钱"指的是中国铜钱，可见当时泉州地区外来银元和中国铜钱并存流通的普遍现象。

梯航百货万国商

清光绪年间再度重修百崎接官亭碑记

清光绪二十年（1894）再度重修百崎接官亭，西侧后面竖碑记载："郭玉水口安各捐艮（银）五十员……重建碑一块银三十三员……"碑文中记录的捐资货币单位几乎都是"员"或"元"，可见，到清朝后期外来银元已经成为泉州地区的主要流通货币。

措施，招徕海外各国到中国贸易。待明朝江山稳固，社会生产完全恢复，明成祖朱棣便进一步继承和发扬朱元璋"厚往薄来"的对外政策，派遣郑和统领船队赴西洋开展朝贡贸易，宣扬国威、传播中华文化，并通过和平的朝贡贸易这种官方贸易方式，换回各国土产。

郑和下西洋在世界历史上是空前的壮举，每次出动船舶总数达到200余艘，第一次下西洋统领人数达到25000多人。但即便如此规模巨大、技术先进的船队，从事的仍然是和平贸易，从未主动与海外各国发生军事冲突，所到之处均带去大量丝绸、瓷器、茶叶等物品，受到海外各国欢迎。东南亚、东亚、西亚、东非各国相继来朝，明廷与他们保持着和平、亲善的国家关系。郑和下西洋增进了中国对亚非欧各国的了解，加深了与各国人民的友谊。自始至终的和平贸易，体现了中华民族对不同国家、不同民族之间互相宽容、仁爱、友谊、和平与共同发展的追求。

泉州作为"东方第一大港"，海上丝路贸易兴盛长达400年，具备远洋航行所需的人员、技术和物资条件和储备，足以为郑和下西洋这一壮举作出贡献。郑和下西洋与泉州关系密切，郑和曾到福建招聘舵工、火长、杂役、武装人员等，郑和随行人员中有泉州人，有的留居海外，成为早期的华侨；曾到泉州灵山圣墓行香，到清净寺礼拜，到天妃宫祈求妈祖保佑航海平安，并奏修泉州等地天妃宫。宋代泉州造的福船被誉为中国最好的海船，郑和宝船就是福船船型。宋代泉州知州赵汝适《诸蕃志》和元代由泉州出发远航的汪大渊所著《岛夷志略》，对后世航海影响深远。郑和船队翻译马欢，系《瀛涯胜览》作者，他在自序中称曾读过《岛夷志》[1]并受到启发，下西洋中的所见所闻也证实了《岛夷志》的记载。

----

〔1〕注：《岛夷志略》原名《岛夷志》。

【第六章】白银帝国

白银流入与中国白银货币化

中国古代货币以铜钱为主，但白银在唐代开始进入货币领域。宋元时期伴随海上丝路贸易的繁盛，中国与海外商贸往来密切，西方银币流入中国，对中国的白银货币化产生了影响。明代，民间开始普遍使用白银交易，15世纪中期宝钞的崩溃导致了白银税收体系的建立。对中国商品的需求，促使海外国家向中国输入大量白银而获取利益。明清时期的1550~1800年代，中国保持巨额贸易顺差达两个半世纪之久，从明代开始的400年里，大量白银以银元的形式流入中国。

　　早期西方银元流入中国后，一部分熔化后重铸成中国银两形制，另一部分直接流通使用。明中叶，西方银元已在闽粤沿海使用。明中期以白银作为法定的流通货币，银锭为主要货币形态，铜钱只铸行小平钱。清朝仍然保持着银铜共存的货币体系。在近代东西方文明的碰撞中，中国的钱币文化步入废两改元的轨道，铸造了自己的机制银元。民国时期机制方孔圆钱——民国通宝，成为通宝币制的余响。

第一节
早期中国的白银货币化进程

随着造船和航海技术的成熟，海上航行的安全性显著提高。东南地区海岸线长、不冻港数量众多的优势逐渐凸显，运价低廉可靠，贸易周期缩短，唐中期以后，海洋交通与贸易得到迅猛发展，陆上丝路逐渐被海上丝路所替代。中国与东南亚、南亚、中亚、西亚各国的商业活动更加密切，中国与西方的经贸往来进一步扩大。大量中国丝绸、瓷器等大宗出口商品借助海上航线，经由东南沿海通达印度洋和波斯湾；外国香料、药物和珠宝也源源进入中国。

许多海上丝绸沿线国家使用银币，但各国银币大小、重量、成色不一，也难与中

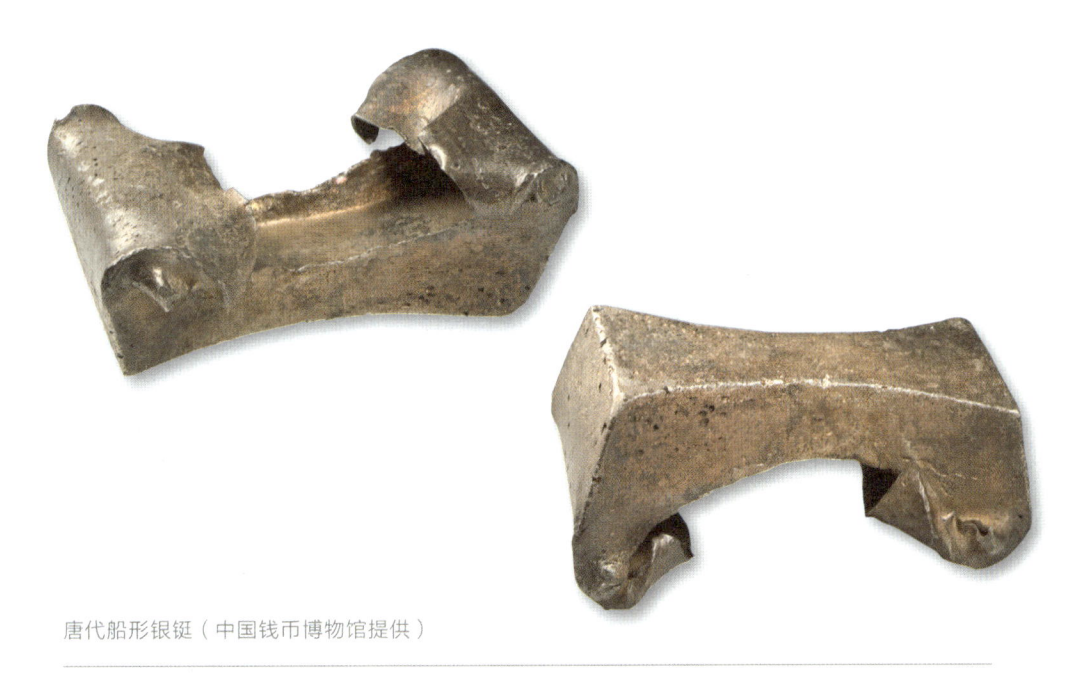

唐代船形银铤（中国钱币博物馆提供）

值得注意的是，早期白银尚未获得货币的价值尺度、流通手段、支付手段的职能，主要还是用于朝贡税赋、财富贮藏及世界货币（国际贸易）方面。

两头经常翘得非常夸张，是由于白银作为贵金属货币，成色和重量一样重要，高度延展的船形能让人一目了然地看到银铤没有夹杂。

梯航百货万国商

国的铜钱直接互换相通,因此,要实现贸易交换,采用以分量计值的银锭是最便利的办法。中国古代最早银锭——唐朝的船形银铤,其形制的选取,极有可能受海上航行的货船的启发。宋代白银进一步货币化,使用数量增加、用途更加广泛,政府税收、开支,民间储藏和大额支付,国际贸易等,都使用了白银。银锭(铤)逐渐成为国家和地方税收特种货币,衍生出一种专用的南宋商税——"出门税"银铤。

北宋"角面并全"五十两银铤(正背面)(中国钱币博物馆提供)

宋代白银的形式有多种,最普通的是锭,有大小数种。大锭重五十两,小锭则重量不等,有二十五两、十二两半、六两等。大锭两端多呈弧状,束腰形,上錾文字,记有地名、用途、重量、官吏、匠人姓名等。

南宋"出门税"六两银铤(正背面)(中国钱币博物馆提供)

南宋银锭为弧首束腰,腰部向内弯曲的弧度变大,底部蜂窝孔洞的形态与北宋差别不大。

第二节

大帆船时代西方银元的流入和流通

明初，流通纸钞大明通行宝钞，白银不是合法货币。《明史·食货志》记载，洪武八年（1375年）为了使宝钞能够顺利流通，"禁民间不得以金银物货交易，违者罪之。以金银易钞者斩"。但由于明朝纸币制度的落后性，无准备金，数量不受限制，自发行后价格就持续下跌，至洪武二十七年（1394年）东南沿海已贬值84%，宝钞流通已发生停滞。明英宗正统元年（1436年）因宝钞信用破产，实施田赋折银为主要内容的赋税改革，正式取消用银禁令。隆庆开关（1567年）后，海外白银大量流入，民间用银日益普遍，使纸币被排除出流通领域，白银成为流通货币的主体，承担价值尺度和流通手段两项货币的基本职能。万历九年（1581年）推行一条鞭法，规定各种田赋、徭役全部折银征收，标志着白银正式成为明代货币的主体，形成了以银为主、钱为辅的银钱兼行的货币制度。

明清中国的白银入口，要追溯到欧洲同时间发生的大航海时代。明初仿元朝做法，用纸币而不用铜钱，但因纸币信用破产，货币流通陷于停滞。此时，通过海外贸易，西方国家白银的涌入解决了中国对货币的需求。当时西班牙人已完成光复战争，转移向大西洋开拓。哥伦布以来的探险发现了美洲新大陆，也发现了墨西哥蕴藏丰富的银矿。16世纪末，西班牙占有世界贵金属开采量的83%，17世纪末波托西银矿日渐枯竭，墨西哥银矿开始取而代之，其产量在18世纪增长约5倍，到1789年占世界产量的5/8以上。至18世纪末，西班牙银元广泛适用于欧、美、东亚、东南亚等地，因此可以说是当时一种国际通货。

1556年吕宋（今菲律宾）至墨西哥阿卡普尔科的航线开通，史称"马尼拉大帆船贸易航线"。大帆船贸易持续250年，每年有上千艘中国船只载着中国制造的丝绸、瓷器和其他消费品驶往马尼拉，满载这些商品的大帆船又远航到墨西哥，而来自墨西哥及拉丁美洲的白银，以银币、银元的形式，源源不断地流至中国。另外，还有部分输入欧洲的美洲白银通过贸易转运澳门，然后流入中国内地。仅1631年一年内，由菲律宾输入澳门的白银就达1400万两，大致相当于明朝永乐元年至宣德九年（1403～1434年）30年鼎盛期内官银矿总产量的2.1倍，是万历年间明朝国库岁入的3.8倍。

明朝中后期，西班牙银元是较早流入中国且数量最多的外国银元，并因制作工艺精致，银质重量稳定，逐渐取得了中国商人的信任。由于银元携带便利，使用方便，受到中国商人广泛欢迎。西班牙银元以及墨西哥银元先后成为当时主要流通币，在中国东南沿海出现了银两、铜钱和银元并行流通、三足鼎立的局面。由于中国商人非常乐于使用外来银元，1840年鸦片战争以后，西方各国亦纷纷铸造成色接近的银元输往中国，其中墨西哥铸造的鹰洋成为主要输往中国的银元品种，鹰洋逐渐取代西班牙的本洋，这些外国银币均统称为"贸易银"。

● 在中国流通的几种主要的外来银元

▶西班牙银元及工艺

| 西班牙银元（卡洛斯三世） | 西班牙银元（卡洛斯四世） | 西班牙银元（费迪南七世） |

明代中后期至鸦片战争前几十年，流入中国的西方银元种类繁多，但流入数量最多、流通区域最广、影响最大的是西班牙银元，俗称本洋。

十字银币最早从菲利普二世时期（1556～1598年）开始在墨西哥铸造。面值有8R（即8里尔，相当于1比索）、4R、2R、1R、1/2R五种。采取了快速的打制方法，先是将银棒压成银板，再制成可生产银币的薄银板，然后再压制成银币。后来产生了一种更快的方式，就是直接将银棒切下来一块适当重量的厚片，然后再在上面打制上图案，从而形成一枚银币。如果超重了，就从上面切下来一点银。结果这些银币极不规则，但重量适当。由于十字银币极容易生产，而且粗糙，一些不法之徒开始从上面切下一些银子，从而使其成为不足值的钱币。

在1728～1730年间，西班牙政府颁布法令，推行新的铸币技术。铸造方法是首先用机床制造出大小和厚度均匀的圆形银版。每枚银版被放入币模中，用螺旋冲压的方法压制出受压均匀的银币。为了冲销新技术引进所带来的成本，8里尔银元的成色和重量被减为417.6格林（27.06克）和91.66%纯银。这就是"地球币"，或称"双球双柱币"。地球币一面为盾形徽章图案，另一面为双柱双地球图案。这种银元的齿边还环铸西班牙国花，防止人们通过切边的方式偷银。由于这种外沿增加的一道滚边工艺形似麦芒的百合花纹饰，所以又有"花边银"的名称。1730年前，流入中国的西班牙银币是不规则的打制银币"十字币""十字银"，或称"块币"。1730年以后，西班牙银币以"双球双柱币"为主流入中国。由于地球币成色形制标准，图案精美，携带方便，已完全可以按枚计值。

1772年以后，"双球双柱币"一面图案被改为西班牙国王肖像，被称为"人像双柱币"。人像双柱币存世量也较十字币和地球双柱币多，为人所熟知。在中国常见的人像双柱币有卡洛斯三世、卡洛斯四世和斐迪南七世三种。

▶墨西哥银元

墨西哥银元

1821年墨西哥独立后，逐渐开始自行铸造银圆，1854年以后大量流入中国。墨西哥银圆的重量为27.468克，成色90.2%，硬币肖像为老鹰，故中国称之为"鹰洋"。又因老鹰图案与蝙蝠相近，故又称为"蝠洋"。由于铸造精良，含银量高，规格统一和不易磨损等原因，鹰洋很快就被我国人民接受，成为许多地方的标准货币。

▶鸦片战争后流入中国的几种外来银元

鸦片战争后，西方各国掀起了瓜分中国的狂潮，把银元作为占领中国市场，获取高额利润、控制中国政治经济文化的工具，大量地向中国输入银元。随着本位币知识和币制主权意识的提出和普及，中央及全国各地纷纷开铸银币，光绪元宝、袁大头、孙小头等中国机制银元成为全国性流通货币，外国银元逐渐绝迹。

英国"站洋"银元（正背面）

1895年，英国在孟买铸有不列颠尼亚女神手持叉杖站像的银元，币面文字集英文、中文、马来文等三国文字于一体，由上海、香港、新加坡等地英资银行发行，俗称"站洋"。

日本龙银

1868年，日本从香港买入机器铸造贸易银元，在通商口岸使用，因背面有蟠龙图案，故也被称为"龙洋"或"龙银"。日本贸易银元是近代流入我国的外国银元当中数量较多，也较为常见的一个品种。1890年清廷始铸"光绪元宝"，因光绪元宝背面也有蟠龙的图案，亦称为"龙洋"或"龙银"。

美国贸易银元

1873年由美国铸造，大量出口到中国，目的是为了参与在中国市场上各种外国银元流通竞争，获取利益。该币不能在美国本土流通。

● 泉州早期外来银币出土概况

中国使用称量货币，因此早期流入的外国银币，很多被按普通银块成色和重量进行切割，作为称量货币使用。到近代"废两改元"、"论枚计值"时，又由于早期外来银币较后来的银币个大量重，化银重铸后有利可图，所以大多被熔炉"吞食"，早期流入我国的银币幸存传世者很少。但20世纪70年代以来，泉州仍然多次出土西班牙十字银币、地球币和荷兰马剑等银币。如1971年晋江安海曾出土了10枚十字银币，重量在4.9~27.45克之间，正面有西班牙国徽，上有OMP字样，这些钱币的铸造时间在1634~1665年。1972年南安官桥也曾出土了1.04公斤的西班牙十字银币，大的重量在25.8~27.4克之间，中型的重量为13.6克，小型的重量为7克，上有NO、OMP、OMD、PST等字样，其中塞哥维亚铸造的是中国出土时间最早的西班牙铸造银币。1972年南安诗山也出土了2.58公斤的西班牙十字银币，铸造时间在1664~1703年。1973年惠安城门街发现有保存完整的机制"地球币"，直径38毫米，重26.8克，正面有西班牙国徽，右侧"8"字，左侧"MF"，周围有环绕拉丁文"D·G·Hispan，etind，Rexcarlvs，III"，背面中间有东西半球，其旁有"双柱"，周边上半部分有拉丁文"Viraquevnum"，前后两侧各一"双"字，下边有阿拉伯数纪年"1763"。1975年泉州市满堂红医院出土了一批十字银币，共37枚，铸造时间为1634~1665年。1974年至1979年间，泉州法石三次出土西班牙银币，一批全部为机制银币，后面两批为十字银币。[1]近年来，仍常有泉州民间发现不同时期外来银币的报道。

西班牙十字银币（泉州东海法石出土）
（西班牙十字银币，又称"块币"）

---

[1] 赖俊哲、江伟年、张东山：《试论16世纪后福建的对外贸易与外国银币的流入》，《福建省钱币学会第二次会员代表大会、第五次东南亚历史货币暨海上丝绸之路货币研讨会专辑》，1994年。

第三节
郑芝龙、郑成功与东西洋贸易

● 郑芝龙、郑成功与明清私人海商贸易

明代，在严厉海禁的政策下，民间私人海外贸易被视为非法行径，被迫走上畸形发展的道路，即被迫转入走私和武装走私，并出现了一些大的海上武装贸易集团。

郑芝龙、郑成功父子，泉州南安石井镇人，利用泉州安平镇的航海和经商基地，打破官方的海禁，武装船队旗帜鲜

郑成功儿诞石

明，几乎垄断了中国与海外诸国的贸易。郑芝龙极力发展海上贸易，连通东西洋贸易，在日本与东南亚之间航行往来，成为荷兰东印度公司在亚洲商业贸易的最强竞争对手。郑成功在"山海两路各设大商"，即仁、义、礼、智、信、金、木、水、火、土等十行。其中仁、义、礼、智、信五行为海上五商，每行有海船十二只；金、木、水、火、土五行为陆上五商。

● 郑氏海商集团与荷兰人的贸易

早在崇祯三年（1630年），郑芝龙与台湾荷兰长官诺易兹之间，就订了三年的生丝、胡椒等交易协定。后来因荷兰殖民者不遵守协定，抢劫郑氏商船，1655年郑成功

101

禁止与台湾荷兰人通商。1662年郑成功驱逐荷兰殖民者，收复台湾，郑荷贸易基本中断。1671年英国东印度公司在台湾设商行，正式开始郑英贸易。

● 郑成功及其后人所铸永历通宝

1646年清兵入闽，郑成功誓不投降，起兵抗清，并大力发展海上贸易，每年从东西洋贸易中获得的利润约达70万两白银，为郑部提供了强有力的军饷保障。郑成功及其后人奉用永历纪年三次在日本铸"永历通宝"钱，流通于闽台地区。永历通宝在闽台钱谱中占有重要的地位，对繁荣当时南沿海的经济贸易起到了一定的作用，也为研究海峡两岸的渊源关系和郑成功在闽台使用的货币提供了实物佐证。

永历五年（1651年），郑成功遣使通好于日本，日本同意提供铜、铅并令官协助铸造永历年号钱，同年在日本长崎开炉铸造，后郑成功之子郑经嗣主台湾后，又于1666年及1674年二次遣使日本续铸永历钱，至郑氏第三次铸永历钱时，其实永历帝已亡十二年。郑成功铸永历钱版别和品种较为简单，只有折二型钱一种，均素背无文，钱文有篆书、行书、真书之分，文字秀美，铸造数量不多，现存世较罕。

永历通宝钱根据铸造区域的不同大体可分为三种类型，除了郑成功所铸的以外，还有另外两种类型，分别是永历政权在广西、广东及周边邻近地区铸造的，以及李定国、孙可望在云南、贵州地区铸造的。

郑成功所铸"永历通宝"

第四节
泉州商人与大帆船贸易

大帆船贸易（GalleonTrade），是指1565～1815年西班牙殖民地墨西哥与吕宋（菲律宾）之间的垄断贸易，又称马尼拉——阿卡普尔科贸易。吕宋是主要的中继站，吕宋——中国这一段航路主要仍掌握在中国商人手中。西班牙通过菲律宾中转，在中国和拉美墨西哥之间的贸易上赚取大量利润，中国则通过在菲律宾与西班牙的贸易获得大量白银。

● 大帆船贸易中的泉州商人

泉州自唐宋以来即为中国对菲律宾通航的重要港口，移居菲岛的泉州华侨对促进当地经济的繁荣和科技文化交流做出了贡献，并为以后长达250年的中国——马尼拉——拉丁美洲大帆船贸易奠定了坚实的基础。早在唐代，已有不少中国人到菲律宾定居，并以"唐人"衍称至今。在菲律宾礼智省马亚辛发现郑国希的墓碑，立于唐龙朔元年（661年），郑国希原籍泉州所属的南安县，这是菲律宾发现年代最早的福建华侨坟墓。终元一代及至明代西班牙人东来菲律宾之前，泉州与菲律宾仍保持频繁的贸易往来。

与泉州直接相关的两部古籍中也记载了菲律宾的情况。赵汝适所著《诸蕃志》记载了泉州舶商到麻逸、三屿、蒲哩噜的情况："蛮贾乃以其货转入他岛屿贸易，率至八、九月始归，以其所得准偿舶商。亦有过期不归者，故贩麻逸舶回最晚"；"商人用瓷器、货金、铁鼎、乌铅、五色琉璃球、铁针等博易。"三屿、蒲哩噜"博易用瓷器、皂绫、缬绢、五色烧珠、铅网坠、白锡为货。"汪大渊《岛夷志略》所载：菲律宾三岛"男子常附舶至泉州经纪，罄其资囊，以文其身。既归其国，则国人以尊长以礼待之，延为上座，虽父老亦不得与争焉。习俗以其至唐，故贵之也。"《新元史》也记曰："其人常附海舶至泉州贸易。……舶商守信,终不爽约。……麻里噜即吕宋岛。"

自明清以来,寄居吕宋者多为闽人,中国商船大部分来自泉州、漳州二府,直接贸易对象则是踞守吕宋的西班牙人。16世纪后半叶,西班牙人占领了菲律宾岛屿,但中菲大帆船贸易实际上仍是由中国商船与吕宋的贸易。从1581年至1760年的180年内,中国商船赴吕宋贸易有2377艘,而同时间的印度船仅256艘。随着中国风帆竞发菲岛,大批华侨也潮涌菲律宾,在那里生滋繁衍,经营贸易。

满载西、菲必需品前往贸易的中国帆船回航时的舶来品几乎全是白银。明人张燮记:"东洋吕宋,地无他产,夷人悉用银钱易货,故归船自银钱外,无他携来,即有货亦无几。"泉州人李廷机在乡梓所见帆船"所通乃吕宋番者,每以贱恶什物,贸其银钱,满载而归,往往致富"。有些中国商人则带着精美瓷器到美洲专门换取白银,被称为"购银者"。根据西班牙人德·康蒙估计,从1565年到1820年的255年间,约有4亿墨西哥银元运到马尼拉,其中有一半流入中国。通过大帆船贸易从美洲输入的银元等于中国原有储银量的1/6,解决中国一度出现的银荒。

泉州出土的早期西班牙银元 10 枚

▶ "帕叟"、"镭"——闽南话中"钱"的舶来语

时至今日,闽南话中仍然称钱为"帕叟",即"比索(PESO)"的闽南话发音。1497年,西班牙把从美洲运回的金银作为资金基础,统一全国货币;金币称埃克塞堤伦(execlente)、银币称银里亚尔(REAL,一译"瑞尔",简称R),币值为递进币制,1R标准重量为3.3834克。1R以下有1/2R和1/4R小银币,以上有2R、4R和8R银币,共六种币值,以个数计价流通。其中8R又称比索(PESO),标准重量为27.0624克,是制造量最多的而且通行于国际贸易的一元型银币。

比索(peso)是一种主要在前西班牙殖民地国家所使用的货币单位。有的国家过去也曾使用比索作为本国货币的名称,因为通货膨胀等,现在已经弃用。但是在这些国家(如玻利维亚),在日常生活中谈及货物价格时,仍常常使用比索一词。

闽南话中"几镭(kui-lui)",意为"多少钱",其中的"镭(lui)"源自马来语词汇"duit",也有说,来自西班牙银元的单位"REAL"。

▶ 银两、银元并行流通于泉州

由于银元携带便利,使用方便,早期西方银元流入中国后,一部分

"清雍正重修安平桥记"碑

碑文中记载了当时捐资修桥的情况:"黄锷出银六十两……黄璞出银三十大员……黄耀金出银五中员……"其中,"大员"指的是西班牙银元(佛银),"中员"指的是荷兰银元。

熔化后重铸成中国银两形制，另一部分直接流通使用，泉州曾出现了银两和银元并行流通的局面。在一些馆祠、桥梁、宫庙捐资碑记多有番银、佛银、洋银、大员等记载。清乾隆重修吟啸桥记：共费番银陆佰余大员。清光绪重修天后庙碑（东石）记：费佛银八百余元。清光绪安海前埔修大路碑记：捐洋银贰仟壹百柒拾余元。

▶荷兰"马剑"银元

荷兰银元（大马剑） 　　　　荷兰银元（小马剑）

荷兰"马剑"银元，正面中间为武士挥剑骑马奔驰图、皇冠和狮盾徽，周环一圈荷兰文，背面中间是双狮托皇冠、盾徽图，周边也是一圈荷兰文，并有银币铸行年份。荷兰银圆开铸于1659年，俗称"马钱"、"马剑大洋钱"。该银元有大型和小型之分，大型直径42毫米，重量32.6克，小型为大型之一半。荷兰银元自明代以来流入中国，首先流入与外国有往来的沿海港口。天启四年（1624年）荷兰人侵占了我国的台湾，就利用台湾与福建通商，包括荷兰银元在内的大量银元流入闽南一带。

第五节
外来钱币衍生饰品

海上丝路各国钱币通过贸易进入中国后，除了参与货币流通外，部分金属货币改道进入服饰和装饰品领域而保留下来，成为海上丝绸之路贸易的见证。

银币改头插

外国银角加花边或不加花边做成女用头插。

梯航百货万国商

海上丝路各国和地区银币改纽扣　　　　　银币改纽扣五仙

西班牙银币改纽扣 1R　　　西班牙银币改纽扣 1R　　　英属印度改纽扣 2 安娜

海上丝路各国的银角中加焊小圆圈改作纽扣：英国维多利亚时期海峡殖民地 5 分、10 分银币，以及香港地区同时期 5 仙银角最为常见，其次是荷兰东印度公司、西班牙银角等。

泰国货币改链坠

海上丝路各国银币改链坠

海上丝路各国银币改链坠

菲律宾币改链坠

明治九年币改链坠

泰国货币改链坠

西班牙银币改链坠

在外国银角或铜元的正面上方加焊小圆镶或打个小洞做成链坠。

第六章 白银帝国

109

梯航百货万国商

海上丝路银币改手链

第六章 白银帝国

外币改生活小配件

第六节
近代中国机制银币的诞生和发展

中国的货币文化走过了一条与西方完全不同的道路,从币材来讲,西方以金银为主币材,中国则以铜为主,辅以铁和贵金属金银;就铸造技术来讲,西方以打制为主,中国则以浇铸为主;从钱币的图案来讲,东方以文字为主,而西方以人物头像等图案为主。[1]明以后,白银在中国已经取得完全意义上的货币地位,所以清代的货币已经是大数用银,小数用钱。外国银元的大量流入和广泛流通,促使中国自制银元诞生。漳州军饷银饼,寿星、笔宝银饼,上海王永盛、郁森盛银饼等都是中国早期仿铸的银饼。清代后期至民国,银元和铜元成为主要通货在市场流通。银元和铜元形式上都是"舶来品",然而它们经过了"汉化",以"中国龙"为基底图案,钱文以汉字为面,钱背龙纹加英文,再加上西方采用的花边,这是中国封建王朝学习借鉴国外先进文化的产物。

光绪元宝(清代银元)

虽然中国最早的机制银元可追溯至光绪八年(1882年)吉林铸造的"厂平壹两",但正式开铸机制银元是1890年在广东铸造的名为"光绪元宝"。因光绪元宝背面也有蟠龙的图案,亦称为"龙洋"。为便于和当时已在市场上大量的墨西哥鹰洋同时流通,光绪元宝重量确定为7钱2分,与鹰洋相同。广东开铸龙洋之后,各省便纷纷仿铸,自此开启了中国的机制币历史,并确立了以"元(圆)"为中国基本货币单位。

宣统元宝(清代银元)

宣统二年(1910年)制定《造币厂章程》,根据铸币机构不同,分别铸造光绪元宝和宣统元宝,总厂仍铸光绪元宝,背面文"宣统年造",分厂改铸宣统元宝。

---

〔1〕 高聪明:《让世界了解中国钱币》,《金融时报》,2004年6月18日。

大清银币（清代银元）

在"宣统年造大清银币"铸行之前，清廷对银币的单位使用"银两制"还是"银元制"进行了长期争论，并试铸了多种以银两为单位的"大清银币"。宣统二年（1910年），清廷颁布《币制则例》，宣布铸币权统一归中央，停止各省铸造，采用银本位、以元为单位铸造"宣统年造大清银币"，重7钱2分，成色九成。宣统二年铸造的大清银币有壹圆、伍角、贰角伍分、壹角，宣统三年将贰角伍分改为贰角。由于辛亥革命的爆发，原定于宣统三年十月发行大清银币，并限期收回其他各种大小银元，统一全国币制的使命则未能完成。

北洋机器局（清代银元）　　新疆喀造饷银（清代银元）

▶民国银元

孙中山开国纪念币（民国银元）

1912年，中华民国临时政府在南京成立，南京造币厂铸造了"中华民国开国纪念币"，该币上有临时大总统孙中山侧面肖像，俗称"孙小头"。

民国三年袁世凯银元（民国银元）

民国三年（1914年），北洋政府颁布《国币条例》并根据第五条铸行正面为袁世凯头像和铸造年份、背面为嘉禾纹饰和"壹圆"的银币，通称"国币"，俗称"袁大头"。

1928年北伐战争胜利，国民党政府取代北洋军阀政府，随即停铸带袁世凯肖像的银币。民国二十二年（1933年）铸行正面孙中山肖像，背面帆船的银币，俗称"船洋"或"孙头币"。从此在中国境内，袁头币和孙头币同时流通，其他中外银元逐渐退出流通。

船洋（民国银元）　　民国十年袁世凯银元（民国银元）

第六章　白银帝国

113

▶铜钱与铜元

清代铜钱大致可以分为传统制钱和机制铜元两类。前者延续传统，采用手工翻砂铸造，属于中国自唐以来的通宝钱的高度发展完善时期。后者为光绪末年受西方影响，采用机器铸钱，虽然流通时间仅十余年，但因机制铜元的出现及大量流通，使2000多年的铜钱历史走向终结，国人的用钱习惯发生彻底改变，同时加快了清末货币现代化进程。

天命通宝（清代铜钱） 　　康熙通宝（清代铜钱） 　　雍正通宝（清代铜钱）

嘉庆通宝（清代铜钱） 　　咸丰通宝（清代铜钱） 　　同治通宝（清代铜钱）

光绪元宝（清代铜元） 　　大清铜币（清代铜元） 　　湖南铜币（清代铜元）

民国通宝（民国时期铜钱）　　十文（民国时期铜元）

布图壹分（民国时期铜元）

■ 通过大帆船贸易，美洲的白银大量通过东南沿海流入中国，彻底改变了中国原有以贱金属铜钱为主体的货币制度，自此白银成为中国的主币，直至1935年民国政府实行法币改革。白银在中国的货币化，促进了商品货币经济的发展和社会转型，与此同时中国经济也逐渐被纳入国际白银资本体系，货币政策受国际银价变动影响日益加深。

泉州人移居菲律宾经商贸易的历史由来已久。明初，受海禁影响，大量泉州人移居菲律宾等东南亚地区，不仅促进了当地经济和社会的发展，也增进了文化交流，为大帆船贸易的开展奠定坚实基础。泉州作为历史底蕴深厚的通商大港，即使在海禁中，泉州的"安平商人"也一直保持着与海外民间贸易往来的传统。郑芝龙海上贸易集团的经济实力达到每年收入数千万两白银，当时荷兰的东印度公司根本无法与之抗衡。明崇祯六年（1633年）料罗湾海战中，郑芝龙击败荷兰殖民者，迫使荷兰人放弃以武力方式解决与中国间的贸易问题，维护了海上贸易的正常进行。郑芝龙、郑成功父子为代表的安平商人开展的民间海上贸易，也为明代海禁中的东南沿海开辟出一条民间海上丝绸之路贸易的通道，维护了海内外民间的交往。隆庆开关后，泉州人转移通过漳州、广州等地进行海外贸易。至清代，泉州人继续引领清朝海外贸易，广州十三洋行中最著名行商是当时世界首富、祖籍泉州安海的伍秉鉴。也正因为对外贸易的繁荣和对外交往的密切，以及海洋文明的积淀，使泉州成为我国较早实现白银货币化的地区，在近年来考古发现中也得到印证，当其他地区还在使用银两制时，泉州已直接使用外来银元进行计价和交易。

【第七章】云集景附
中国货币文化影响下的东方货币体系

古代丝绸之路上流通的货币体系大体可分为两类，即中国货币体系与希腊货币体系。中国是最早使用货币的国家，货币历史悠久，源远流长。中国钱币有其独特的形制美和文字美。海上丝绸之路不仅为各国人民带来了贸易财富，也是各国文化交融的重要通道。中国货币文化对东方货币文化亦有较大的影响，尤其邻近的国家和地区，诸如朝鲜、越南、日本、琉球、爪哇及东南亚地区，不仅铸造自己的汉文钱还仿铸中国历史上的某些年号钱。这些钱从形制、币材、尺寸、重量等方面亦与中国钱币类同。它们与中国钱币相互混杂使用，能跨境使用，共同构成了东方货币文化体系。

第一节

日本货币

日本是最早仿制中国铜钱的国家之一。奈良朝元明天皇和铜元年（708年）仿唐开元通宝，始铸"和同开珎"。但从958年到德川幕府之间的600年间，由于日本自铸币减重严重、粗制滥造，而宋代中国钱制作精美、信用卓著，因而大部分时期皆使用中国铜钱。即使日本自铸的一部分钱币，也多使用中国的年号仿铸。历年来日本考古挖掘常有大量唐代至明代的钱币出土。直到1897年日本发布《货币法》，中国铜钱才退出日本流通领域。日本古代铸造使用货币的历史约1200年，钱币文化深受中国影响，属于以中国为代表的东方钱币文化体系，如形制上采用圆形方孔，工艺上使用范铸或浇铸，效仿中国铸造铅钱、铁钱和各式花钱，并仿照元钞，使用纸币等。

▶ "和同开珎"与皇朝十二钱

"和同开珎"在唐玄宗开元年间（713～741年）流入中国，是日本流到中国最早的方孔圆钱，也是日本皇朝十二钱的第一种钱币。"和同开珎"最初为银钱，不久改为铜钱，因而银钱铸额极少。1970年，陕西省西安市何家村发现唐邠王府窖藏文物中有日本"和同开珎"银币5枚。日本的"和同开珎"银币在本土都不常见，却在中国一次出土5枚，震惊日本。贞观元年（859年）铸造的"饶益神宝"，在日本非常稀少。2002年在浙江杭州雷峰塔地宫中出土1枚"饶益神宝"，同样震惊日本。这些钱币是大唐与日本经济文化交流的最好见证。

▶ 宽永通宝

宽永十三年（1636年）日本在江户坂本设立了钱座，开始铸造"宽永通宝"。这是日本铸年号钱的开端，也是日本历史上铸量最大、铸期最长、版别最多的一种钱币，同时也是流入我国数量最多的外国钱币之一。它完全仿照中国古钱的圆形方孔样式，正面楷书汉文"宽永通宝"4字,文字端正秀丽,大多铸造精良,与中国古钱一般无异,常被误以为是中国古钱币。

▶ 泉州与日本的贸易往来

泉州与日本贸易往来历史悠久,据《诸蕃志》载,"(倭国,今日本)多产杉木、罗木,长至十四五丈,径四尺余,土人解为大枋板,以巨舰搬运至吾泉贸易。""交易用铜钱,以乾元大宝为文。"可知,日本当时直接使用中国铜钱交易。宋徽宗崇宁元年(1102年),泉州商人李充曾赴日本经商,其出海文凭收录于日本史籍中,成为宋代海船往来于中日的佐证。

日本与元朝的贸易有两种形式:一是天龙寺船贸易,二是民间私人贸易。天龙寺船是一种获得幕府保护的日本官方商船,纲司由寺院推荐,幕府任命,回国不论盈亏,都得向寺院缴纳一定数额的钱币。天龙寺船和一般日商船,赴元贸易所携带的商品大体上是黄金、刀、折扇、螺钿、硫磺、铜以及其他工艺品,从元贩回的商品主要为铜钱、香药、经卷、书籍、文房用具、绘画、禅寺用具、茶、锦、毛毡、瓷器、珍玩等。

明万历三十五年(1607年)泉州客商许丽寰到日本摩萨贸易,居留一年。次年才从久志浦回国。这时岛津义弘致书许丽寰,约他明年再来,并且说,如不幸漂流到他州,也希望他等到萨摩派去的官员,评定器皿财货的价格。信中约定"其盟之坚者,金石胶漆,物莫能间"。到万历三十七年(1609年)七月,有明朝商船10艘到萨摩,停泊在鹿耳岛和坊津。他们带去的货物有缎、绫、青绸、素绫、素绸、蓝绸、天鹅绒、白糖、黑糖、碗、伞等。贩回的商品有金、银、硫磺、铜铁、屏风、刀、扇等。

明代泉州到日本经商而侨居日本的人很多。如郑芝龙,他先住长崎,后迁居平户岛,娶平户藩士田川氏之女为妻,1624年生郑成功。郑芝龙把日本作为主要贸易对象,开辟从泉州安平直抵长崎的航线,郑成功继承发展了这种贸易关系。郑成功起兵抗清得到日本的支持,日本还为郑成功及其后人铸"永历通宝"钱。

泉州洛阳镇古街有一座昭惠庙,初名镇海庵,千载以来与洛阳桥唇齿相依,是北宋泉州郡守蔡襄建洛阳桥期间的"造桥指挥部",从庙址曾出土数十枚古币中有4枚宽永通宝,是1626～1867年前的日本铜钱,1枚景盛通宝,是1793～1800年间的越南铜钱,文物价值独特,成为海上丝绸之路多个国家钱币往来最好的历史见证。

第二节

高丽货币

高丽，是朝鲜半岛古代王朝之一，与中国接壤，早期使用中国钱币。高丽成宗十五年（995年），仿铸唐代的"乾元重宝"钱，唯在钱背加铸"东国"二字以示区别。高丽肃宗年间，又陆续铸造海东通宝、东国通宝和三韩几种钱，有通宝、元宝、重宝；有直读和旋读，钱文有篆、隶、楷书等，无不显示朝鲜货币受宋钱文化影响甚深。1633年朝鲜李朝肃宗始铸常平钱，常平通宝铸行时间长达260年之久，故其数额巨大，版别众多。

▶ 海东元宝、通宝、重宝

海东宝钱是朝鲜高丽王朝发行的钱币之一，是高丽王朝肃宗王颙（1095～1104年）所铸平钱。面文分别为"海东通宝""海东重宝"等，仿宋制，有篆书、隶书、楷书等。"海东"意其国在黄海之东。

▶ 东国通宝

高丽王朝肃宗王颙铸。制同海东通宝，亦系仿宋钱制作，除小平外更铸折二钱；面文书体有篆书、隶书、真书、行书四种。

海东通宝（篆书） 东国通宝

▶ 朝鲜通宝

高丽王朝将军李成桂于1393年废王自立，改国号"朝鲜"，并分两期铸造朝鲜通宝。前期为世宗李祹五至七年（1423～1425年）所铸真书平钱。

朝鲜通宝

▶ 常平通宝

朝鲜李朝仁祖李倧十一年（1633年，明崇祯六年）由常平厅设监始铸，故名"常平通宝"。至肃宗李焞五年（1678年）更以法律命定各有关厅、曹、营、监等分工铸造；及至清光绪十七年（1891年）机制黄铜钱问世，常平通宝铸行前后达260年之久，在近代朝鲜货币史上占统治地位，彻底改变了此前以米、布为主的交易状态。钱分小平、折二、当五、当百四等，然无当十钱，以折二钱品种及铸量最多。

常平通宝母钱　　常平通宝户大当百

常平通宝不同品种

常平通宝折二

▶ 泉州与朝鲜的贸易往来

泉州与朝鲜关系密切,据《千唐志斋》载,高丽人高玄之子高廉曾为泉州司马。宋朝泉州与高丽贸易往来频繁,"泉州多有海船入高丽往来买卖"。据朝鲜《高丽史》及中国文献记载,从大中祥符八年(1015年)至元祐五年(1090年)泉州海商欧阳征、林仁福、陈文轨、怀贽等21次到高丽,有记载的最多一次达150人。上述几次到高丽贸易的泉州海商人数约在千人以上。在元祐五年以前至高丽的宋商中,有姓名可考的福建商人有18名,其中泉州商人16名,大大超过广州(3名)、台州(3名)和明州(3名)。

元代泉州商人孙天富、陈宝生长期从事海外贸易,"其所涉异国,自高句丽外,若阇婆、罗斛,与凡东西诸夷,去中国无虑数十万里"。他们以信义取信于异国,外国人称之为泉州两义士。明代仍有泉州海商到朝鲜,据《朝鲜李朝实录中的中国史料》记载:朝鲜中宗三十九年(嘉靖二十三年,1544年)有泉州府海商李王乞等150多人到朝鲜。

第三节

越南货币

越南古称交趾、安南，与中国山水相连，文化相连，历史交融源远流长。越南的货币文化一样起源于中国传统的方孔钱范畴，与中国的货币文化一起构成了独特的东方货币文化体系。

10世纪以前，越南地区尚无自铸货币，使用的流通钱币为同时代中国中原王朝及以前王朝的通用货币。越南建立独立封建国家后，其货币经济政策以中国历代货币经济政策为模本，并加以改造运用。铸造的钱币，沿用中国的方孔圆钱形式，而钱文采用兴宝、镇宝、大宝等。18世纪前，越南铸造的钱币上一律采用汉字。越南铸币中与中国铜钱同名的有15种。当中国已开铸铜元、银元取代圆形方孔钱时，越南却仍在铸行圆形方孔的"宝大通宝"钱。直到1945年，越南民主共和国成立后，方孔圆钱才最后退出流通领域和历史舞台。

▶ 太平兴宝

966年，丁部领建大瞿越国，年号太平，越南开始建立独立封建国家，史称丁朝。立国12年。所铸有太平兴宝，"太"做"大"，背铸"丁"以记国姓。太平兴宝的铸造时间早于宋太宗太平兴国年间铸造的太平通宝。

太平兴宝

► 天福镇宝

980年，黎桓废丁部零之子以自立，立国29年，仍称大瞿越，史称前黎。天福五年（984年，即北宋雍熙元年）铸天福镇宝，背铸"黎"。

天福镇宝

► 天兴通宝

1428年，黎利统一越南，定都河内，国号大越，史称后黎朝。1459年（明天顺三年）黎宜民杀胞弟仁宗篡位，在位一年，铸天兴通宝。

天兴通宝

大正通宝 　　明命通宝

嘉隆通宝  　　维新通宝

▶ **越南仿铸中国年号钱**

中国的货币文化对越南的影响十分深远，越南古钱不但形制上依据中国货币的标准而采用外圆内方的方孔圆钱模式，而且钱文书写也始终采用汉字字体和汉字书写风格。越南很多王朝都铸造了自己的年号钱，也铸造了许多与中国铸币同名（并非同时代）的年号钱币。如太平兴宝、天福镇宝、大定通宝等，都是越南直接沿用中国年号铸造本国货币，在古时，越南流通的货币除了本国发行，中国各个王朝的货币也在越南通行使用。

越南仿铸中国年号钱

▶ 泉州俚语"薄如光中"的由来

清代中叶,有大量的安南轻薄铜钱流入福建等地,严重冲击当地货币市场。越南黎显宗后期钱铜色昏暗,文字平夷,浅薄如纸,体小量轻,铸造较为粗劣,自古有"夷钱"、"外国轻钱"和"水上漂"之称,据说有的钱钱身轻薄竟可浮于水面而不沉。由于历史上不少泉州人侨居中南半岛经商谋生,也带回不少安南货币。在泉州的俚语中仍然保留着"薄如光中"的说法,用来形容钱的内在价值不足,购买力下降。

光中通宝　　　　　　　　　　光中大宝

第四节
琉球货币

琉球国，今之冲绳群岛，在古代很长一段时间内都是中国的藩属国，从明朝洪武五年（1372年）以后，琉球国一直使用中国朝代的年号，奉行中国王朝正朔。直到清末被日本吞并，改为冲绳县，并改用日本年号，琉球王国灭亡。古代琉球国的政治、经济、文化等深受中国的影响。琉球古代钱币与中国货币文化息息相关、一脉相承，属于东方货币文化体系。

早期琉球国经济不发达，并未铸造发行本国的货币，民间贸易交流还是实行原始的物物交换方式。随着明清时期中国各朝皇帝颁赐铜钱，以及琉球国商贩通过朝贡贸易获得大量中国历代铜钱，中国铜钱逐渐成为琉球国民间贸易流通使用的主要通货。直到中山王尚泰久执政期间（1454～1460年）琉球才开始铸行自己国家的货币，其形制、钱文、材质、铸造工艺悉仿照中国古代钱币，深受中国古代货币文化的影响。

琉球王国长期流通使用中国的方孔圆钱，自行铸造的"大世通宝""世高通宝""金圆世宝""中山通宝"钱，皆呈圆形方孔状。琉球王国的官方文书、外交条约、正史等，都是用汉文书写的，铸币也采用汉字作为钱币纹饰。"大世通宝""世高通宝"两钱币直接摹仿明代"永乐通宝"钱，钱文"通宝"二字与"永乐通宝"面文如出一辙。

世高通宝　　　　　　　　大世通宝

1609年日本萨摩藩入侵琉球，琉球开始受到萨摩藩制约，向萨摩派"国质"，后改为"年头使"，每年向萨摩行聘问之礼。[1]日本势力不断向琉球本土渗透。日本文久三年（1863年），萨摩藩在琉球国发行萨摩铸造的"琉球通宝"，分为"当百"和"半朱"两种。琉球通宝当百设计模仿日本"天宝通宝"，为椭圆形，正面楷书"琉球通宝"，背面为"当百"二字。1879年日本完整吞并琉球，在原琉球国大部分领土上成立冲绳县，北部诸岛则划入鹿儿岛县。

琉球通宝当百

▶ 泉州与琉球的历史文化因缘

明朝对琉球海上航行的主要港口是泉州和福州。明洪武三年（1370年）复设泉州市舶司，且规定只限通琉球，在晋江口岸设立来远驿，专门接待琉球贡使。至成化八年（1472年）迁福州的100年间，泉州作为琉球朝贡的"正道"，在中琉交往中扮演了重要的角色，发挥了积极的作用。明代册封琉球的封舟是福船形，建造十分考究，载重量为500吨。制造封舟的船厂，成化前在泉州，成化后在福州。明初奉迁琉球的三十六姓中，蔡姓明确记载祖籍是泉州（泉州府南安县人），梁姓虽迁自长乐，其远祖却在泉州（晋江）。

泉州的科技、农业、文化、民俗也对琉球产生影响。琉球国政府不断派人来华学习各种专业知识和生产技术，明中叶后期，惠安崇武诗人黄吾野写了《送琉球生还国》，反映了明朝琉球与我国的友好关系。泉州惠安的番薯通过琉球传播到日本，琉球的花生也传播到泉州。泉州的风狮和石敢当民俗传播到琉球，发展和演变成具有琉球特色的风俗。此外，琉球饮食习惯、民俗节日、丧葬习惯都可以看到泉州风俗的影子。

---

[1] 李晓杰：《沧桑琉球：琉球国·中国·日本》，《太平洋学报》，2010年10期。

▶ 王伯台与册封使往琉球

2011年3月底,泉州市鲤城区江南街道乌石社区考古发掘的一座明代古墓内,出现记载明代泉州人王伯台随册封使往琉球的墓志铭。这是泉州首次出土与琉球有关的墓志铭,是泉州文史界的重大新发现。墓志铭由明朝史家何乔远所撰,其内容载有"岁丙午夏,给事中夏子阳、行人王士桢奉使册封琉球,求诗客可语者……",说的是册封琉球的册封使正寻找一位善于诗词歌赋且有口才者做伴,以免航海途中旅途寂寞。有人向二位将赴琉球的册封使推荐了泉州人"王应元"。王应元随二位命官册封使往琉球,册封琉球世子为王。在返回的航海途中,"海风大作,有二巨鱼(鲸鱼)夹舟,长数十丈,目光如电,舵拆舟旋……",是描写赴琉球册封使在返航途中遇到的惊险场面。经考,墓主人王应元,名元卿,号伯台,喜诗好酒,诗词往来的朋友中,有不少人先后显达,成为名家名宦之流。王应元随夏子阳和王士桢二位册封使赴琉球是在万历皇帝时。万历三十四年(1600年),朝廷下旨派遣夏、王出使册封,到达年是1606年,所册封的琉球王为尚宁。夏子阳著作见《使琉球录》,王士桢著作见《琉球入太学始末》。

册封琉球封舟船模

(明)来远驿遗址

▶ 明代泉州来远驿

　　明来远驿遗址在泉州市区聚宝街车桥头。来远驿是古代掌管接待外国来客的官署，据《宋会要辑稿》载，宋政和五年（1115年），泉州已置来远驿。明初实行海禁，朝贡成为唯一合法的外贸方式，明永乐三年（1405年）在车桥村设置"来远驿"，专门接待琉球等国的外宾，又称琉球馆，附近设"进贡厂"以储贡品。1984年泉州市文管会在遗址立碑。

第五节

柬埔寨货币

扶南，是中南半岛上的一个古国，即今柬埔寨及越南南部、泰国西部。公元 1 世纪左右，扶南国建立，并成为中南半岛上的强国，位于洞里萨湖至湄公河三角洲的肥沃地带，而且控制了泰国湾以及马六甲海峡，是中国和印度之间海上贸易往来的要道。扶南同时建立了强大的海上舰队，垄断了中国到印度之间的海上航线。

扶南作为一个蓬勃发展的海上丝路中继点，海外贸易发达。其使用的货币受到中国和印度的文化影响。扶南流通和使用金属铸币，存世和出土的并不多见，一般为银币。扶南是最早模仿中国汉代"五铢"钱文铸造钱币的国家。据考察，铸造时间应该是在 225 年至 245 年。扶南银币，正面图案为婆罗门教崇拜的太阳花纹；背面主图为宫殿石门，石门上方各有星、月图案，石门下方各有"五金"或"五五"两个汉字。"五金"应该是"五铢"的意思，类似延环五铢钱的"五金"，把"铢"字省笔，写成"金"字，这种情况在中国古钱中也有。

扶南模仿中国汉代"五铢"钱文铸造和发行的金属钱币，不但反映出扶南学习中国的货币贸易，也反映出中国是扶南最重要的国际贸易对象。

▶ 泉州与柬埔寨的历史文化因缘

宋代，泉州商人到真腊（柬埔寨）经商，也有真腊商船到泉州，如乾道七年（1171年）有 4 艘真腊船到泉州。据元周达观《真腊风土记》载，当时泉州的青瓷器销往真腊。

明清时期，到柬埔寨的泉州华侨有：陈朝汉，生成化庚寅（1470 年），卒嘉靖庚子（1540 年），殁真腊国。黄义舍，生康熙五十九年（1720 年），卒乾隆四十二年（1777 年），葬笨台金字塔。到泰国的泉州华侨有：颜嗣详，生成化丁亥（1467 年），正德辛巳年（1521 年）卒于暹罗。黄镇官，葬暹罗宋脚。陈胤纬，商于暹罗卒。

——《泉州海外交通史略》

第六节
印度尼西亚货币

印度尼西亚旧称爪哇。早在秦汉,中国就与印度尼西亚有了贸易、官方往来。中国人移居南洋,中国钱币随之流入印度尼西亚,唐代稍少,到宋代则大量流入,直到近代,印尼一直流通中国钱币。《瀛涯胜览》"爪哇国"条记载:"买卖交易,行使中国历代铜钱。"今印尼出土古钱以宋钱为多,现在也经常可以在印尼发现从汉五铢、货泉等到民国各式各样的中国古钱币。

古国爪哇在麻喏巴歇王朝时期(约9~16世纪),曾仿照中国古钱铸造铜钱和锡钱,一般都是仿照北宋的钱文,最早是翻铸宋钱"咸平元宝"。到18世纪,井里汶王室时期,印尼曾将铸造货币的权力承包给华侨首领陈祥哥,铸造带汉字的钱币,诸如"史丹裕民"(史丹为伊斯兰教君主头衔苏丹 Sultan 的旧译)、"邦其兰宝"等,意思是"使人民富裕""通行的宝货"。荷兰占领印尼后,为消除中国钱币的影响,于1780年下令禁止中国铜钱在爪哇流通。中国铜钱转入黑市,仍然坚挺。1784年,印尼巴厘岛等地仍流通中国铜钱,405~411枚铜钱可换一枚西班牙银元。

印尼伊斯兰教国家兴起,继续铸造钱币。一些穆斯林统治者把钱币铸造权交给华侨商人。17世纪末18世纪初,华侨陈祥哥铸造井里汶钱币,上铸汉字"史丹裕民""邦其兰宝",分别是"素丹使民富裕""本邦通宝"之意。

▶ 泉州与南洋各国的贸易往来

南洋是我国对东南亚一带的称呼。泉州人移居海外的历史悠久,从唐代就开始有泉州人移居南洋,成为早期华侨。因此,南洋各地称华侨为"唐人",称中国为"唐山"。《南安县志》记载,唐龙朔元年(661年),旅居菲律宾的南安县人郑国希过世,葬于菲律宾礼智省马亚辛。10世纪时,阿拉伯旅行家和地理学家麻素提在其所著《黄金牧地》里,写到他在943年经苏门答腊时,见"有多数中国人耕植于此,而尤以巴林邦(今苏门答腊巨港)为多"。

宋代的手工业、商业兴盛，造船技术提高，为泉州人下南洋创造了很好的条件。当时下南洋乘的是风帆船，要依靠季候风向。有些人错过返航的季风，只好在当地住下来，待次年再北上返回。随着贸易的发展，为便于商品交易，渐渐有泉州人居住下来，叫作"住蕃"。宋代泉州纲首朱舫，舟往三佛齐国，往还曾不期年，应该说也是住蕃的早期华侨。宋代许多三佛齐人来泉州经商，并在泉州定居，"三佛齐之海贾，以富豪宅生于泉者，其人以十数"。元代，有许多泉州人流寓东南亚各国。泉州吴宅有许多人到爪哇定居。明清时期，许多广东、漳、泉人逃居印尼，如旧港"国人多广东、漳、泉人逃居此地"。永春县岵山陈臣留于清乾隆丁丑年（1757年）游贾马六甲，在颇有获利之后，牵引其族亲戚友百余人相继出国去马来西亚。19世纪初期，新加坡的闽籍华侨主要是从马六甲移居去的。

文莱古称渤泥，在宋代与泉州交往密切。元丰五年（1082年）二月，渤泥王锡理麻诺"复遣使贡方物，其使乞从泉州乘海舶归国，从之"。1972年，文莱发现一座宋代古墓和墓碑，经考证可能是迄今发现遗存在东南亚的最早中文墓碑。碑文记载："有宋泉州判院蒲公之墓景定甲子男应甲立。"碑文中的蒲姓泉州判院，卒于南宋理宗景定五年（1264年），后葬于该地。此碑成为宋代泉州人侨居海外的有力物证。明代许多奉使渤泥的外交使节从泉州起航。洪武三年（1370年）八月，命御史张敬之、福建行省都事沈秩往使，自泉州航海，逾半年抵阇婆，又逾月至其国。永乐十三年（1415年），少监张谦奉使渤泥也从泉州发舶。

第七节

海上丝路沿线国家发现中国古代钱币的记载

自唐代开始，历经宋、元、明、清诸朝，中国的钱币源源不断流向东亚、东南亚、南亚、西亚及非洲东部诸国，甚至到达欧洲和拉美各地，流域十分广阔。

日本是中国古钱流入最多的国家。1930年，日本学者人田整三对日本出土的48批铜钱资料做过统计。在总数554714枚铜钱中，中国古钱有553802枚，占99.8%。（昭和五年《考古学杂志》第二十卷12号，刊载人田整三氏的调查报告）1968年，日本北海道函馆市志海苔町一次出土窖藏（下限明洪武通宝钱）古钱中，日本钱只有15枚，另外高丽钱31枚，安南钱22枚，而中国钱有361467枚，占99.98%。可见在一个很长的时期里，日本主要使用中国钱币。

朝鲜和韩国也出土发现了大量中国古代钱币，其中不乏中国早期的钱币。据《朝鲜商业史》记述，在朝鲜发掘"明刀"钱的区域有20余处，每处出土数量至少有数百枚，有时多达数千枚。平壤周围的乐浪古墓、黄州郡仙峰里1号墓葬等处，曾出土过中国汉武帝元狩四年（前118年）铸造的"五铢"钱。在韩国济州道山地港，出土有中国王莽时期（9~23年）铸造的"货泉"11枚、"货布"1枚和"大泉五十"钱2枚以及"五铢"钱等。

越南在古代一直使用中国钱币。南宋人包恢在《敝帚稿略》中记载：象交趾等国，就多方搜求宋代铜钱，许入而不许出。1899年，在越南河内发现的况赛场宝藏两个陶罐中，共计藏有23000余枚古钱币，其中中国古钱有22925枚，铸造年代从1世纪的西汉，直至南宋绍兴时期（1131~1162年），说明越南丁、黎、李、陈朝时期，大量使用中国铜钱。

印度尼西亚在古代和近代一直流通中国的历代古钱。明马欢《瀛涯胜览》"爪哇国"条载："买卖交易，行使中国历代铜钱。"据于春水在《走马看泉，话东南亚泉情》一文中估计，仅巴厘岛和龙目岛两地，民间保存的中国铜钱可能有1000吨或者更多。明万历罗日耿著《咸宾录》中的"爪哇条"，也有关于"市用中国铜钱"的记载。而印尼法典《古多罗摩奴法论》中，关于古爪哇的法律规定：对偷、杀、爆行等违反者，分别要罚款 250 枚至 16 万枚铜钱。这部法典有关罚钱的规则，与明朝史书的记载遥相呼应。

新加坡古称单马锡、淡马锡。1821 年 2 月 3 日，JohnCrawtard 在淡马锡旧壕发掘到中国古钱一批，内中包括宋代太祖、真宗、仁宗、神宗年间所铸造的不同年号的方孔圆钱。1989 年 11 月，在新加坡国会大厦奠基时获得 300 余件地下遗物，除了瓷、陶、饰物等，还有一些中国古钱。考古人员研究表明，这些器物都是当地古代与中国进行商业贸易的物品。

1980 年在泰国暹罗湾吞武里海域，曾发现一艘沉船，船上载有 10 多万枚唐、宋铜钱。在今泰国中央银行博物馆、泰国国家银行博物馆、宋卡博物馆，陈列有大量的中国古钱币。[1]

马来群岛等地也曾经流通使用中国古钱，并曾以锡铸钱。从锡钱的制作和器形看，也留下了中国古钱的影子。

菲律宾曾发掘出唐瓷、唐币。宋明时期，菲律宾通过朝贡贸易获取中国铜钱。明成祖给菲律宾古国苏禄东王、西王答礼各钞万锭，钱 3000 贯。1521 年，麦哲伦船队环球航行到达菲律宾，队员记述南部群岛土人使用铜钱，中间有一方孔，一面铸有 4 个汉字，是中国皇帝年号。这显然是中国铜钱，菲律宾也在中国方孔圆钱流通区内。

斯里兰卡古称锡兰，地处印度洋航道枢纽，是中国汉朝航线终点。唐宋时，中国远航西亚、东非，锡兰是必经之地。因此，锡兰有唐、宋、元钱出土。明《瀛涯胜览》记锡兰好中国铜钱，每将珠宝换易。16～17 世纪，荷兰人也记锡兰使用有孔的中国铜钱。明天顺二年（1458 年），锡兰国派王子昔利把交剌惹奉使中国，蒙赐留京读书习礼。厥后，归途路经温陵，因爱此地山水，遂定居泉州，并得钦赐姓"世"，以"世"为姓。世氏在泉州广置产业，学习汉文化，参加科举考试，著书立说。世氏在泉州分支蕃衍，至今尚有后裔。

9 世纪，阿拉伯旅行家苏莱曼自波斯锡拉夫城出发，航海到印度、中国。苏莱曼语录编纂人阿部萨地指出，中国铜币盛行于锡拉夫。伊朗的锡拉夫是中国方孔圆钱流通最远的地方。

中国铜钱还在印度、伊朗、阿曼、东非沿海出土。这些地区正是中国古代航船

---

[1] 宁波"海上丝绸之路"申报世界文化遗产办公室、宁波市文物保护管理所、宁波市文物考古研究所编《宁波与海上丝绸之路：丁种第 1 号》，科学出版社，2007，第 279～280 页。

到达的地方，也是中国钱币影响最远的地区。有人对东非出土的古钱币做过统计，到1959年止，东非发现能鉴定出年代的中国、罗马、埃及、印度、波斯、锡兰的钱币总计405枚，其中中国钱币233枚，占57%。中国钱币的91%是宋钱，充分说明中国在东非贸易中所占的地位。

■ 中国货币发展演进自成体系，不仅形成了自身博大精深、源远流长的货币文化，也通过陆上和海上贸易，影响了周边国家地区，特别是东亚、东南亚地区，形成了以中华货币文化为主体的东方货币文化圈。其主要特点是币材多为铜铁等贱金属而非金银为主，币面多为圆形方孔而非无孔，币文多为文字而非图案，采用浇筑法制造而非打制等等。中国古代货币圆形方孔的形制，体现了中国古代天圆地方的宇宙观，钱币文字有篆、隶、楷、行、草等书体，反映了中国书法艺术的博大精深与独特魅力。

中国铜钱的输出，有力地推动了周边国家商品经济的发展。如日本、朝鲜、越南等国均有直接使用中国铜钱的历史，在此之前有的国家地区还停留在以物易物阶段，或者使用天然货贝的阶段，中国铜钱的流入极大地方便了商品交易的进行，也增进了不同国家和地区间的经济交往，提高了不同地区人民的生活水平。同时，货币作为历史和文化的载体，也传播了中华文明，增进了不同地区间的沟通和了解，为促进了人类社会的共同发展做出贡献。

历史上，泉州不仅是商品贸易的重要港口，也曾大量输出中国铜钱，"广、泉、明、秀，漏泄铜钱"，泉州商人"夜以小舟载铜钱十余万缗入洋"，对中国货币文化的传播和东方货币文化的形成起到重要的贡献和推动作用。不仅如此，明末清初泉州南安人郑成功还曾派人到日本铸钱并输入中国，促进不同国家地区之间东方货币文化的交流和发展。

【第八章】侨乡信汇

侨批上的货币档案

19世纪中叶的鸦片战争打开了中国的国门，在此后，大批量的闽南泉州人出国务工、经商和移民，产生了高度文化同质的华侨群体，形成了闽南泉州人海外经商贸易与务工的新特点。在海上丝绸之路波澜壮阔的历史进程中，除了茶叶、瓷器、珠宝等货物往来外，还催生出一种华人独特的金融通道——侨批及侨批业。"侨批"俗称"番批""银信"，是指海外华侨华人通过海内外民间机构及后来金融机构汇寄至国内的汇款暨家书，是一种信、汇合一的特殊邮传载体。闽南语称信为"批"，称寄信为"寄批"，渐渐地，"侨批"就成为华侨寄托银信的代名词。

泉州是全国著名的侨乡，侨批就是一根根长长的线，把海外游子的心与家人紧紧系在一起。如今，侨批虽已退出历史舞台，但它们作为见证华侨移民史、创业史的珍贵历史文物，仍然有着重要的历史价值和现实意义。

在近现代对外金融交流中，尤其在抗战期间，侨批侨汇发挥了重要的作用。被国学大师饶宗颐教授誉为"海邦剩馥""侨史敦煌"的侨批，见证了从清末至20世纪80年代100多年来中国与东南亚乃至世界各地民间交流的史实。侨批封上有着丰富的货币信息：从金属货币到纸币；从外国银洋、本国银元到国币、法币、金圆券，再到人民券、港币、人民币（新旧币值）等，反映了近代中国的货币历史，被誉为中国与世界交往的"海上金融丝绸之路"。

中国东南沿海地区由于劳工输出及贸易等因素，在清末至1935年11月币制改革期间的银本位制时期，大量外国银元特别是墨西哥银元（鹰洋）以侨批的形式流入中国，因此，体现在侨批封上有多种的货币称谓。由于外洋货币的流入，东南沿海民众使用的货币也以银元为主。海上丝路侨批货币的流入，大大丰富了中国的金融货币文化。

佛银（西班牙银元，封外写"银"）

西班牙银元是较早流入中国且数量最多的外国银元。由于流入中国较晚、存世量较大的西班牙银元上有卡洛斯三世、四世和斐迪南七世等肖像人物，因而在中国民间又有"佛银"和"番婆头""鬼仔头"的别称。

1885，菲律宾马尼拉—钞坑（今属福建石狮市）

敬启者：兹有许俾官转奉壹函，内陈各情谅邀接入青照矣，外并银四元。刻下诸事如常，本廿日蔴了英有火炎之惊闻，起火之由乃因番人之草屋烧去几拾家，继至咱人店，蔡坠官之栈间乃是石厝，幸得无碍，只毁去草厝之店而已。接他来信称彼烧物器有四百外元，所言无碍。余他人之生意店一概烧尽不留，恐有传闻至唐山，合应顺此奉报。为是现时有花□运到，三苗米中白1.52双，即如蜂仔丝难糙米1.43双中，白1.52双本栈三苗中白米仅收入栈只1千余斗，以应配州府是也。然珉在地米兑此价亦平贱矣，外顺付去佛银四大元。余情后详，并候

新禧！

良瞒老东台台鉴。

乙酉元月廿五日 具

再者，前承香港来信嘱，有在香移林着官之项，自新元月初就□会进，奈无妥人可寄，此帮逢施用前舍回家，寄带厦交林定官收转银300元，想必照额速交林着官收用，可料矣。此及。

佛银与英（鹰）银（墨西哥银元）

墨西哥独立后，停铸西班牙本洋，1823年开始铸造墨西哥"鹰洋"，常被误称为"英洋"。

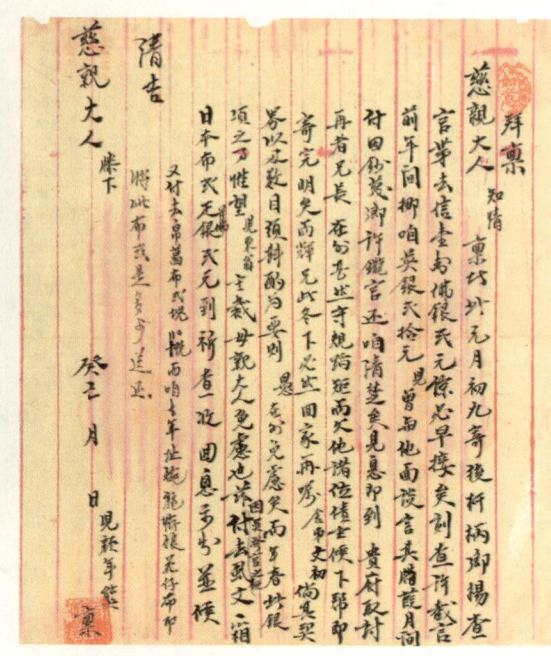

1893，菲律宾马尼拉—钞坑（今属福建石狮市）

拜禀

慈亲大人知情：禀者，此元月初九寄后杆柄乡杨查官带去信壹封佛银式拾元，谅必早接矣。刻查许截言，前年间挪咱英银式拾元，儿曾与他面谈，言其葭月间付回钞葭乡许钁官还咱清楚矣，见息即到贵府取讨。再者，兄长在外甚然守规踏矩，而欠他诸位债，候下帮即寄完明矣。而辉兄此冬下必然回家，再嘱。舍弟文初倘其契券以及数目须斟酌为要，则愚在外免虑矣。而年春此银项之事，惟望见东翁主裁，母亲大人免虑也。兹因吴浂官之便，付去虱文（肥皂）一箱，日本布式足并佛银式元，到祈查收，回息示知，并候清吉！

慈亲大人 膝下

又付去帛葛布式块20悦，而咱去年址婉施□娘花仔布即将此布或是多少送还。

儿 颜年雙 禀

癸巳 月 日

第八章 侨乡信汇

回批上写"来银二十元"

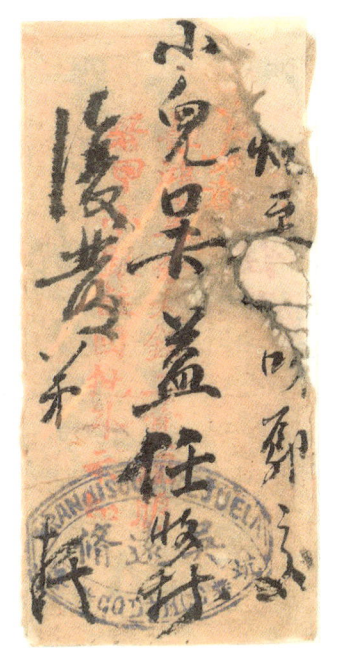

1909，石狮坑东—菲律宾马尼拉回批

洋银

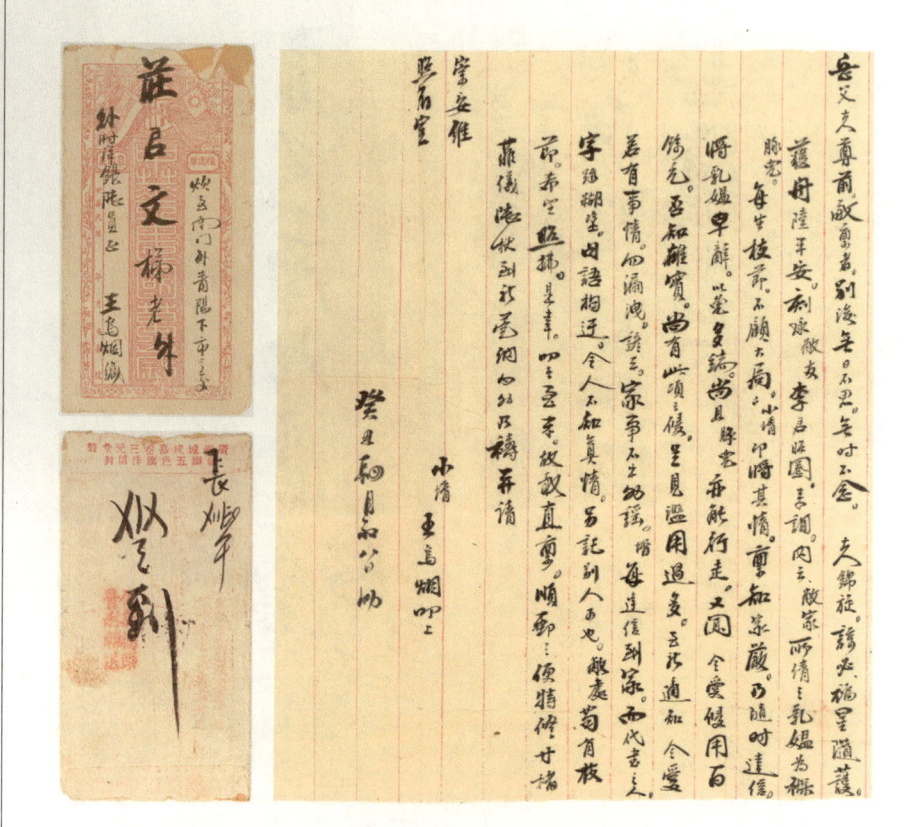

岳父大人尊前敬禀者：

  别后无日不思，无时不念。大人锦旋，谅必福星随护，获身陆平安。刻承敝友李君昭圈来询，内云：敝家所倩（雇）之乳媪为褓脉儿，每生枝节，不顾大局，小婿即将其情，禀知家严，乃随时达信，将乳媪早辞，以免多端。尚且脉儿亦能行走。又闻令爱侵滥用百余元，否知确实？尚有此项之侵，足见滥用过多。至祈通知令爱若有事情，勿漏泄。谚云：家事不出外谣。婿每逢信到家，而代书之人字迹糊涂，句语拘迂，令人不知真情，另托别人可也。敝处苟有枝节，希望照拂是幸。叨在至亲，故敢直禀。顺邮之便，特修寸楮（纸），菲仪陆枚，到祈莞（笑）纳，客外乃祷。并请

崇安维照不宣

小婿 王乌烟 叩上
癸丑肆月初八日泐

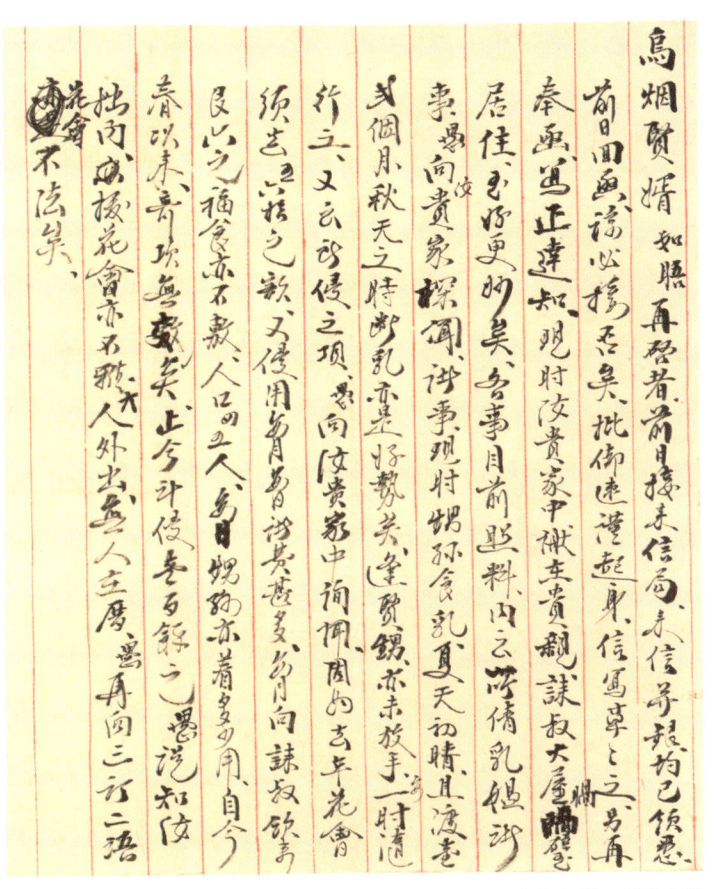

1913，菲律宾马尼拉——晋江青阳下市街侨批及回文存稿

乌烟贤婿如晤：

  再启者，前日接来信局来信并银均已领悉。前日回函，谅必接否矣。批脚速谨起身，信写草草之，另再奉函写正达知。现时汝贵家中榭在贵亲诔叔隔壁居住，至好更妙矣！各事目前照料。内云：所倩乳媪诸事。愚向汝贵家探闻诸事，现时甥孙食乳，夏天初晴，且渡（度）壹贰个月，秋天之时，断乳亦是好势（妥当）矣！逢贤甥孙未放手，每一时随行之。又云：所侵之项，愚向汝贵家中询闻，因为去年花会（一种赌博）须（输）去五六拾元之额，又侵用每月每日诸费甚多。每月向诔叔领来艮（银）六元，福（况）食亦不敷，人口四五人，每日甥孙亦着多少用。自今春以来，寄项无效（够）矣，止（至）今计侵壹百余元。愚说知汝拙内拔花会亦不雅，大人外出，无人在厝（屋内），愚再向三订（叮）二语，花会不法矣。

华银

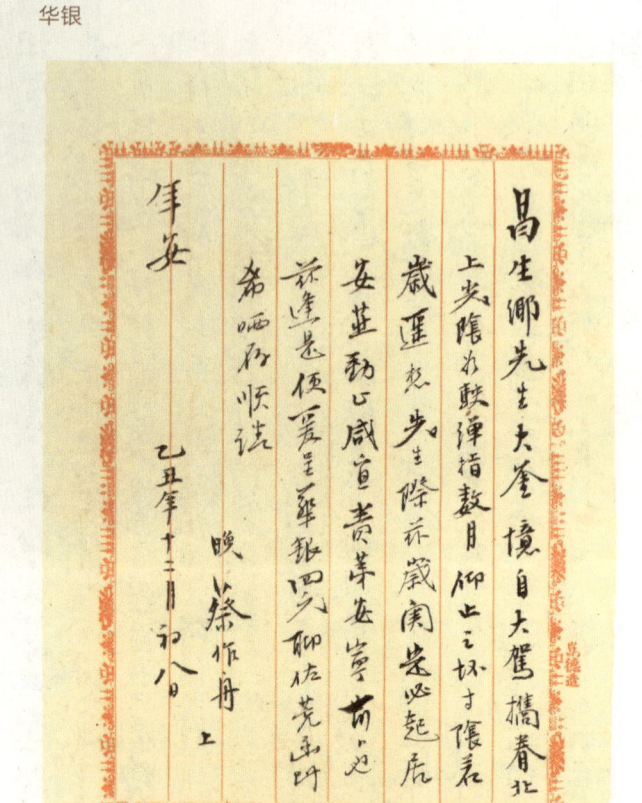

昌生乡先生大鉴，顷自大驾携眷北上炎陛尤甚，弹指数目仰止之怀于陨岩岁匯恖步主除祛岁寅崇必起居安甚勃止咸宜贵华安掌前处。

荷逢迭便尽呈华银四元聊佐莞尔
希晒存顺讫

年安

晚 蔡作舟 上

乙丑年十二月初八日

深沪乡大安堡
外附华银四元
由岷蔡伟缄
张昌生先生收

1926.1，菲律宾马尼拉——晋江深沪大安堡

第八章 侨乡信汇

洋银

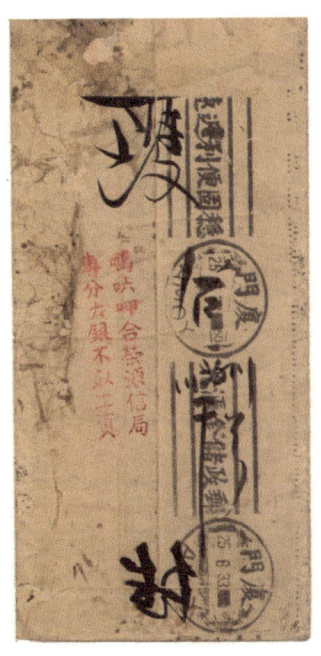

1933，马来亚马六甲——永春

龙银

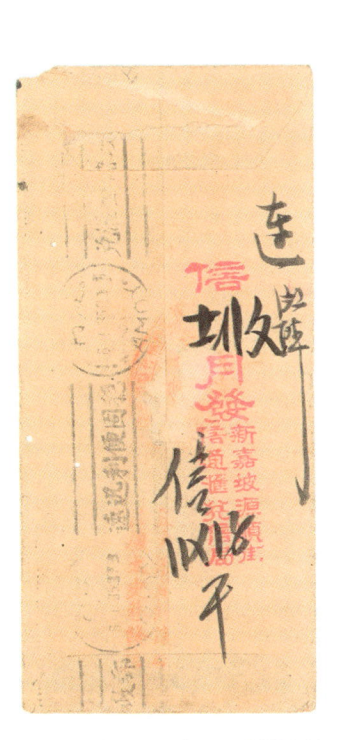

1933，荷属巴厘岛——安溪赤岭

1935年11月4日,国民政府宣布实行法币政策。其主要内容是把中央、中国、交通三银行(1936年又增加中国农民银行)发行的钞票定为国内唯一可以流通的货币,称为"法币",逐渐收回其他银行已发行的钞票,代之以新发行的法币。1948年8月19日,发行金圆券,为本位币,法币及东北流通券均停止流通;法币300万元换金圆1元,东北流通券30万元换金圆1元。金圆券发行后恶性贬值。临1949年,华侨改寄美元原币。新中国成立初期,华侨汇款币种为港汇和人民券(旧币)。1955年3月起,以港币为主,也有部分汇款人民币。

1937,马来亚昔加挽——永春达埔

胞兄大人尊前:敬启者近日想必咱厝大小谅必平安否,及弟在外平善,祈勿介意。另者,查问日前寄信局大洋10元并票1000元,典契或赎清楚带笔来知。再者咱乡若有妥的田地,弟即寄加买多少。另者,通知本河知悉,在洋酱业者多难以得利就是。时付去大洋伍拾元正,祈到查收,抽拾元付悦哥应用,又抽式元付尚志收入,再抽式元付洋头娇姑收入作为茶配,余尚以家应用。余言别陈,并请大安!

弟　玉俊

丁丑年六月廿三日谨禀

法币（纸币）

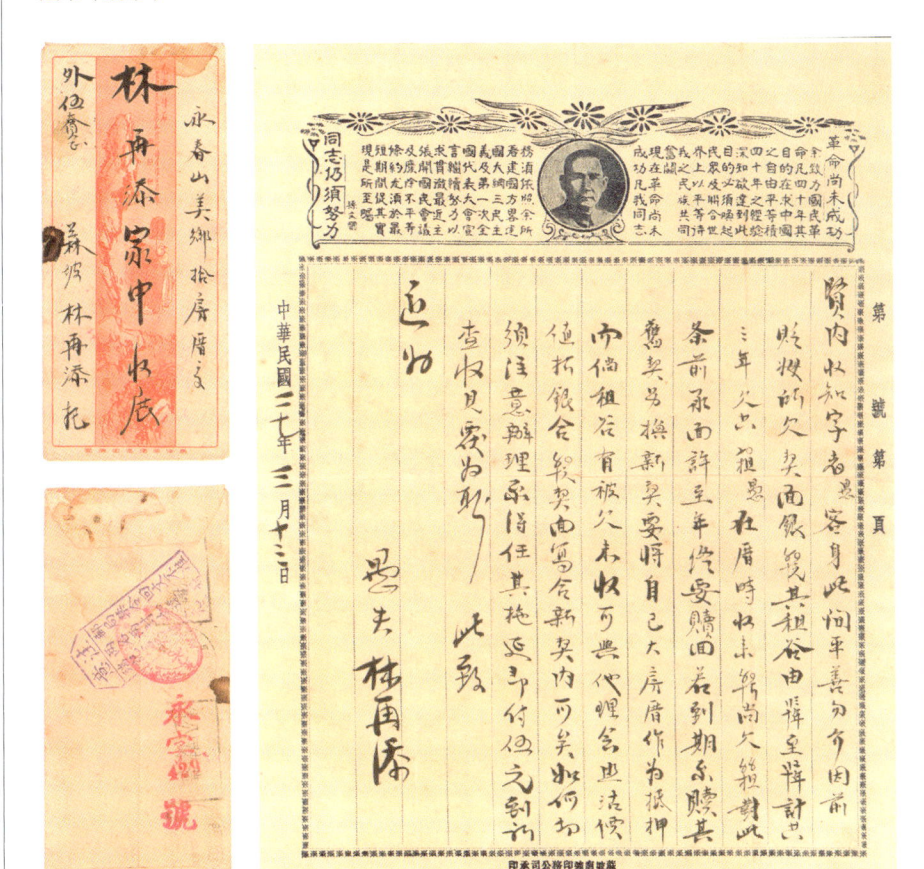

1938，马来亚麻坡——永春山美乡

贤内收知：字者，愚客身此间平善，勿介。因前贬姆所欠契面银50元，其租谷由23年至26年计共3年，欠6担，愚在厝时收来50斤，尚欠5担半。对此条，前承面许至年终要赎回，若到期系赎其旧契，另换新契，要将自己大房厝作为抵押，而倘租谷有被欠未收，可与他理会，照沽价值折银合50元，契面写合新契内可矣，如何？切须注意办理，不得任其拖延。即付伍元，到祈查收，见复为盼！此致
近好！

愚夫　林再添

中华民国廿七年三月十三日

梯航百货万国商

华银

1935年11月，国民政府颁布《财政部关于施行法币布告》，禁止银元流通，将白银收归国有，发行纸币——法币。这次币制改革又称法币改革，改革放弃银本位制，使法币盯住英镑美元，实行固定汇率的汇兑本位制。

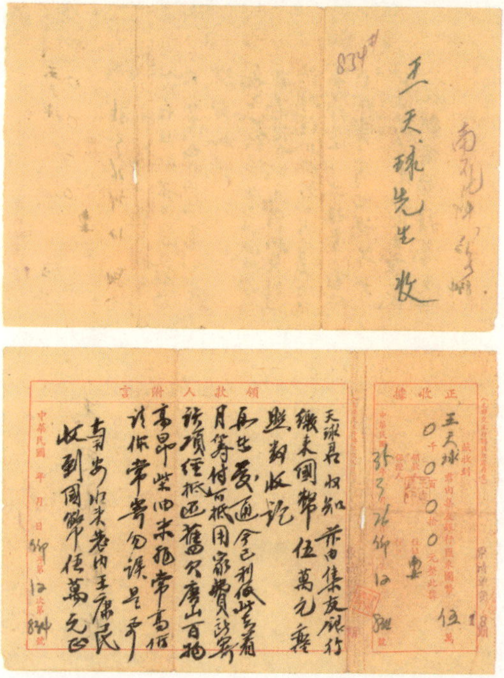

1940.2，荷属泗水——泉州新门外岩浦乡（今属泉州市鲤城区）

国币

天球君收知：兹由集友银行缴来国币伍万元，亦经照数收讫。再者，交通今已利便，此去着月筹付，可抵用家费。所寄该项经抵还旧欠。唐山百物高昂，柴油米非常高价，请你常寄，勿误是要。

南安水头巷内王康民收到国币伍万元正。

1946，南安水头——缅甸。通过集友银行汇款的正收据，即回执

法币

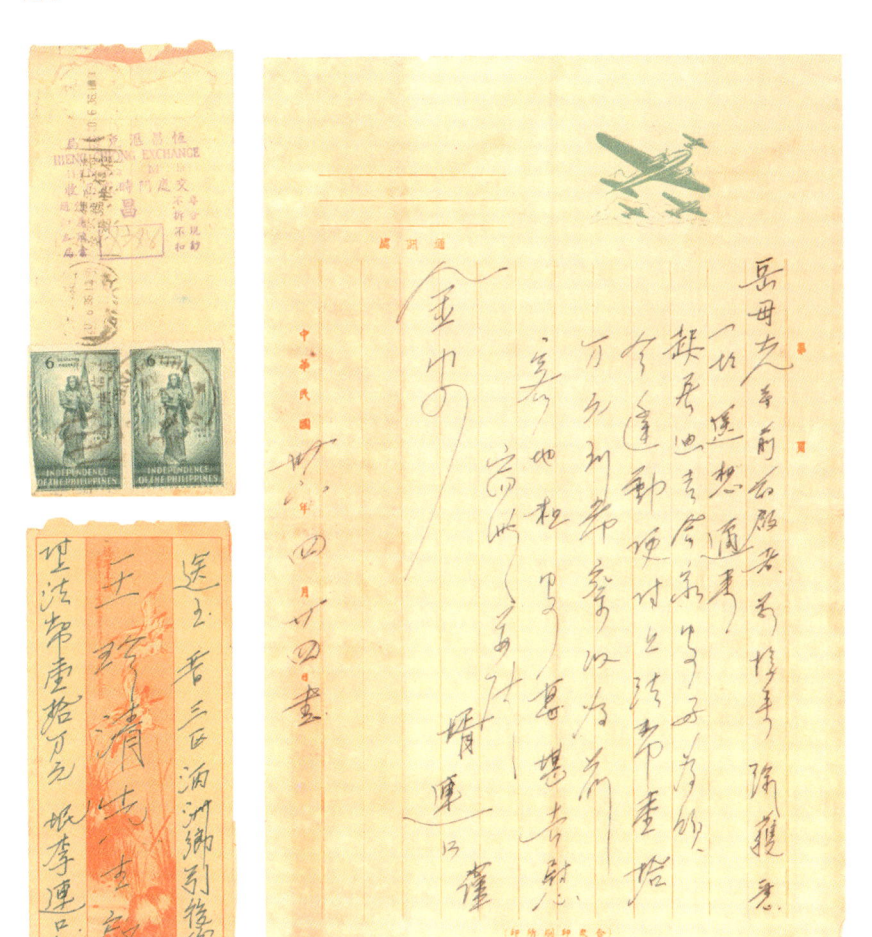

1947，菲律宾马尼拉——炳洲（今属福建晋江市）

岳母大人尊前：

  敬启者，前接来谕，获悉一切。遥想迩来起居迪吉，合家安好，为颂。今逢邮便，付去法币壹拾万元，到希察收为荷。客地粗安，甚堪告慰。尚此并请

金安

            婿　连口　谨
          中华民国卅六年四月廿四日书

梯航百货万国商

国市

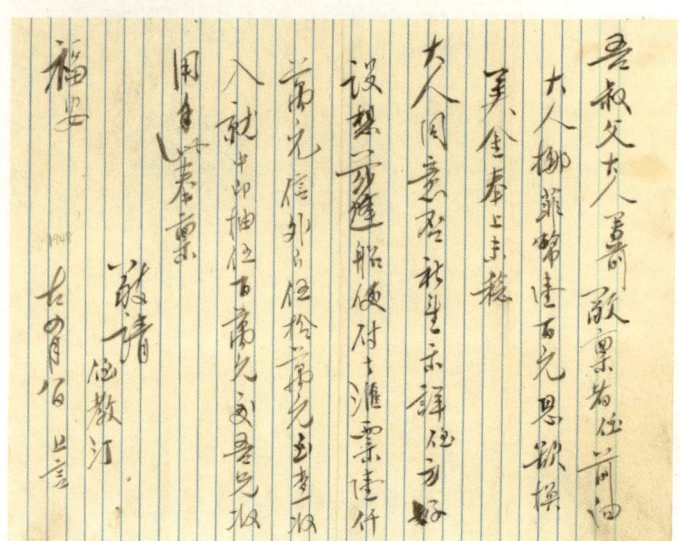

1948，菲律宾马尼拉——洋下（今属福建晋江市）

吾叔父大人尊前：敬禀者，侄前向大人挪菲币壹百元，思欲换美金奉上，未稔大人同意否？祈望示详，侄方好设想。兹逢船便付去汇票壹仟万元，信外银伍拾万元，至查收入，就中即抽伍佰万元交吾兄收用，手此奉禀，敬请

福安

侄　教汀
古四月八日　上言

金圆券

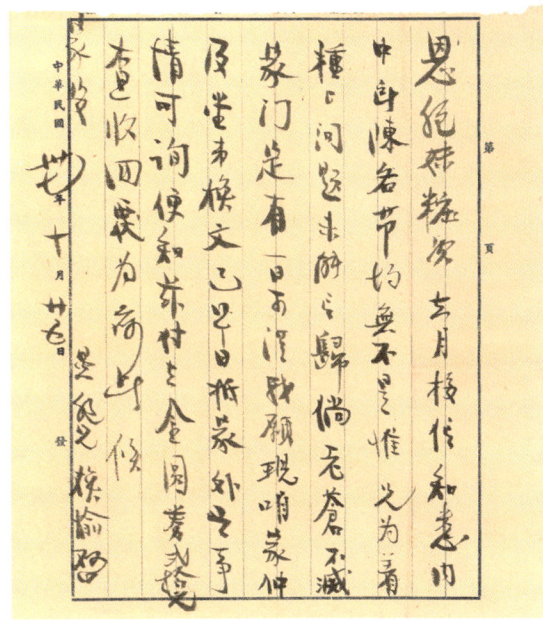

1948.10，马来亚马六甲——德化丁墘

恩胞妹粧次：去月接信，知悉内中所陈各节，均无不是，惟兄为着种种问题未能即归，倘老苍不灭，家门定有一日可得我愿。现咱家仲及堂弟焕文已早日抵家，外之事情可询便知。兹付去金圆券弍拾元，查收回复为荷。此候
家安

　　　　　　　　　　愚胞兄　焕愉　启
　　　　　　　　　中华民国卅七年十月廿五日

第八章　侨乡信汇

「金圆」划去写「港币」

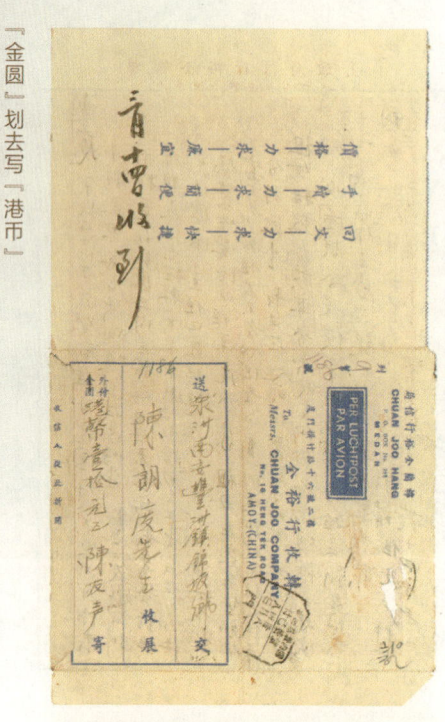

1948年8月，由于通货膨胀不断恶化，法币已失去购买力，国民党政府颁布《财政经济紧急处分令》，以黄金为准备，以金圆为单位，发行金圆券取代法币。金圆券改革制造了更大的通货膨胀，不到3个月便失败。

1949.4，印尼苏门答腊棉兰——南安丰州侨批信简

第八章 侨乡信汇

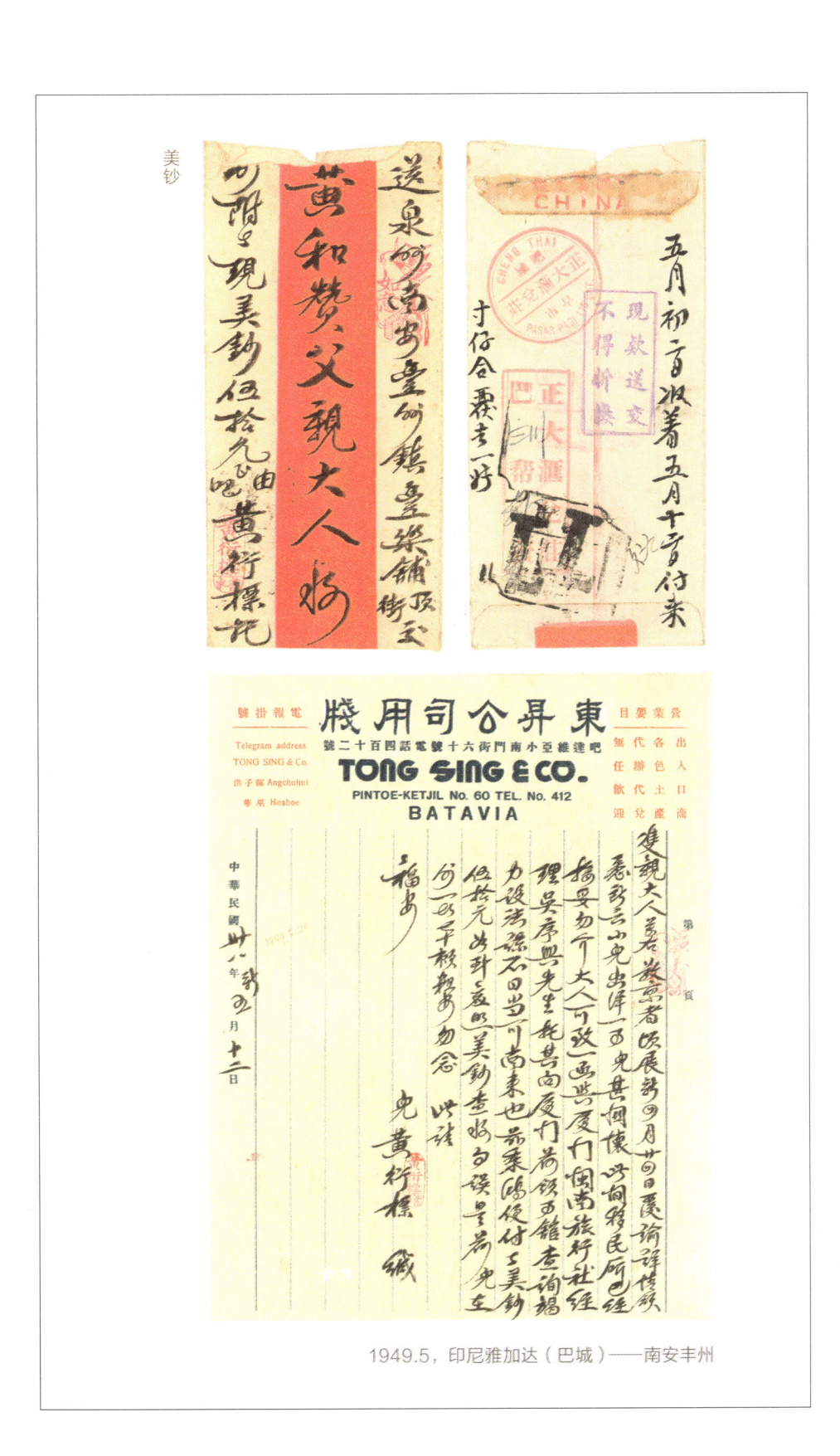

美钞

1949.5，印尼雅加达（巴城）——南安丰州

人民券（1元＝10000元人民券）

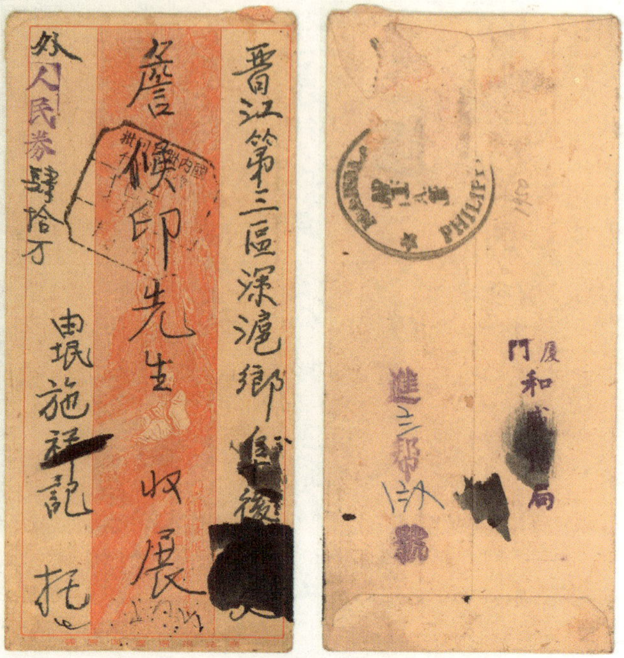

1950，菲律宾马尼拉——晋江深沪

港市

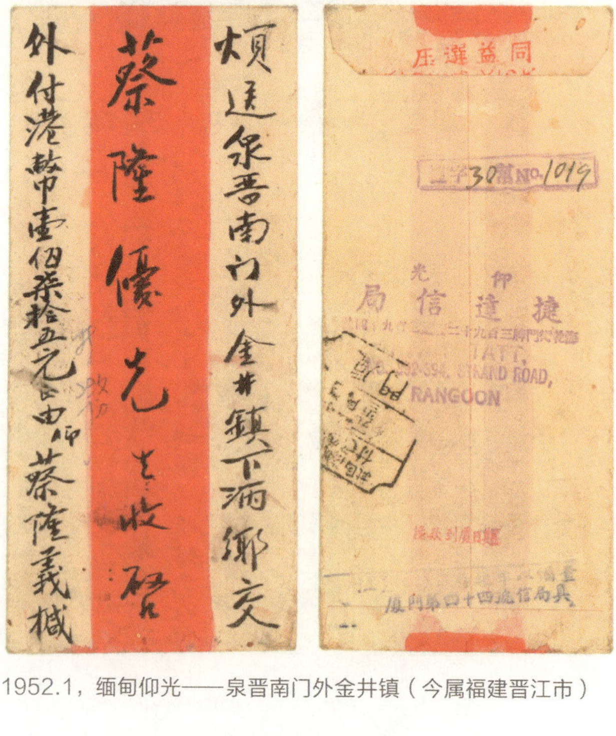

1952.1，缅甸仰光——泉晋南门外金井镇（今属福建晋江市）

外付"港汇"

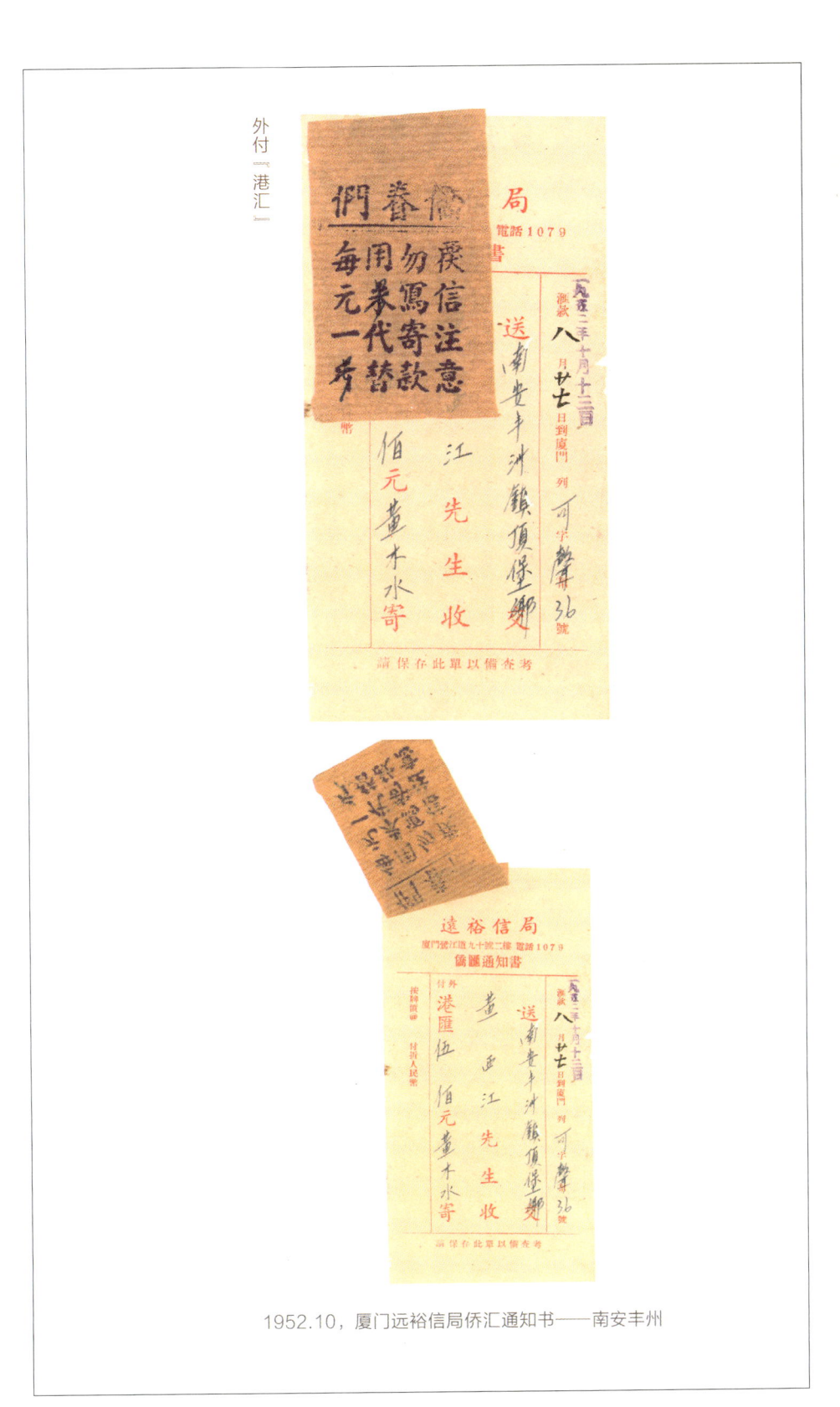

第八章 侨乡信汇

1952.10，厦门远裕信局侨汇通知书——南安丰州外汇『港币』

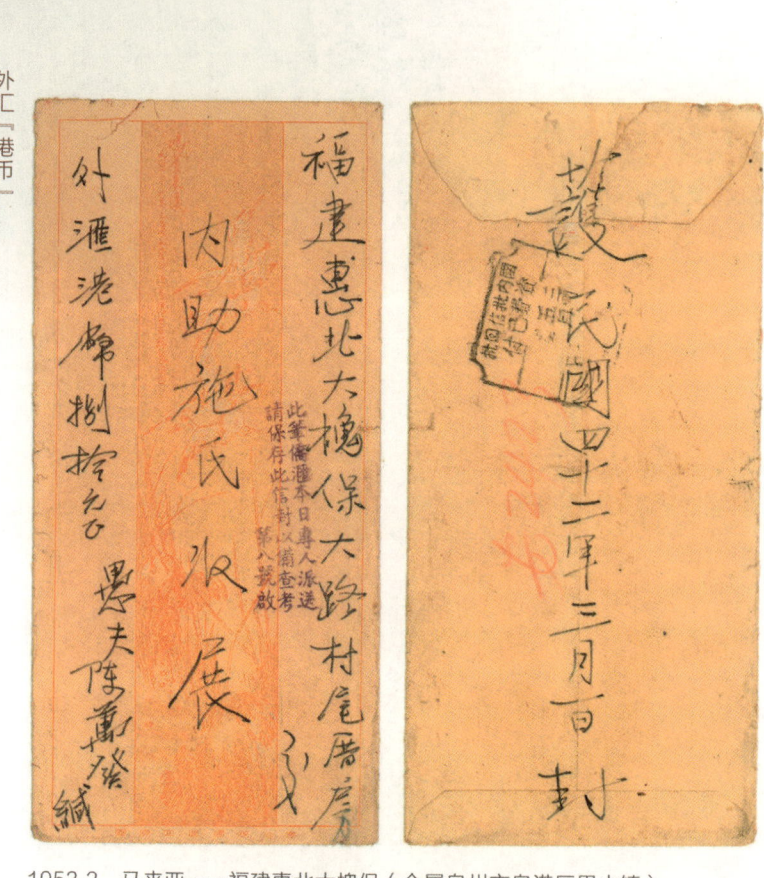

1953.3，马来亚——福建惠北大槐保（今属泉州市泉港区界山镇）

外付「人民币」

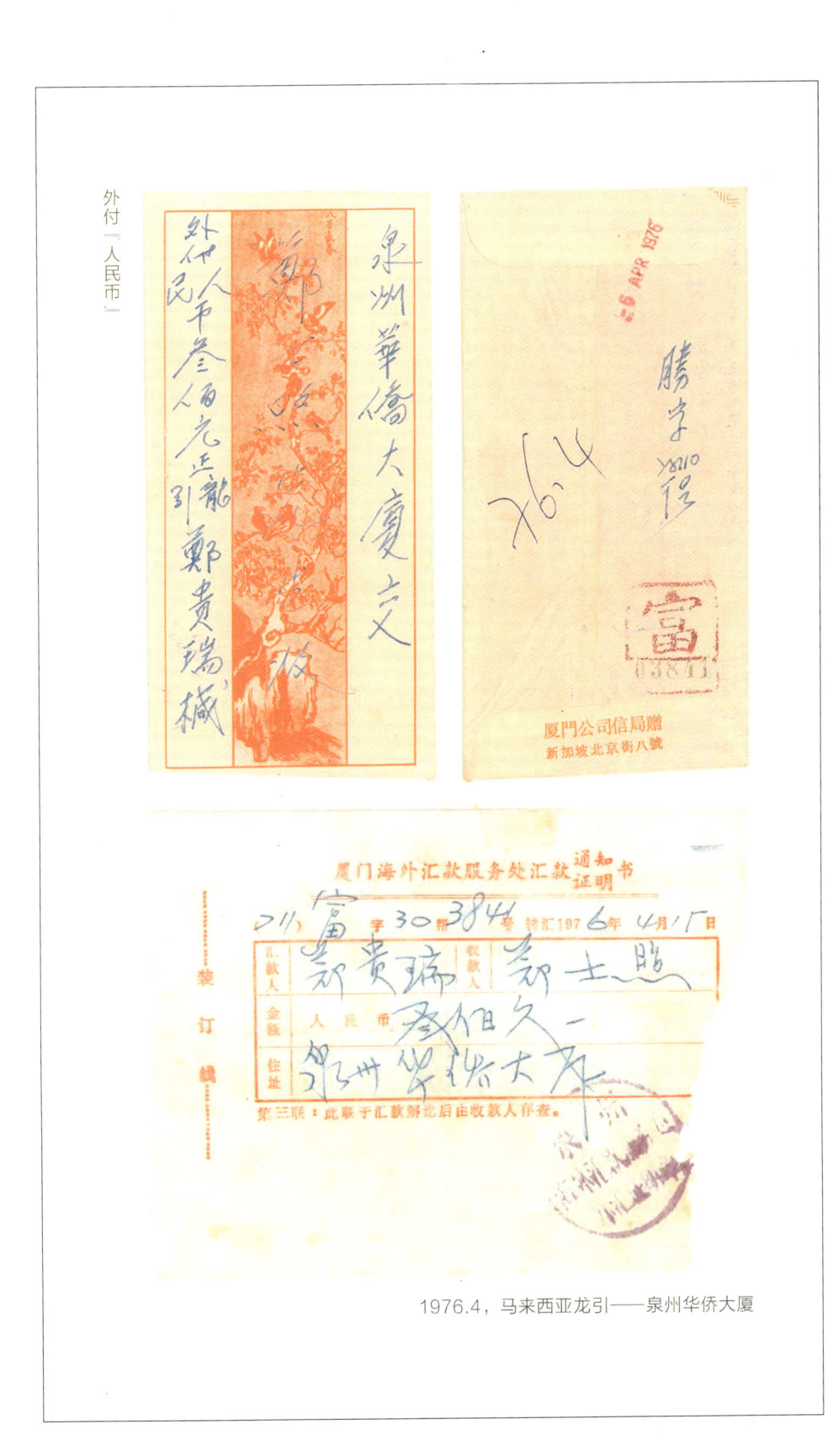

第八章 侨乡信汇

1976.4，马来西亚龙引——泉州华侨大厦

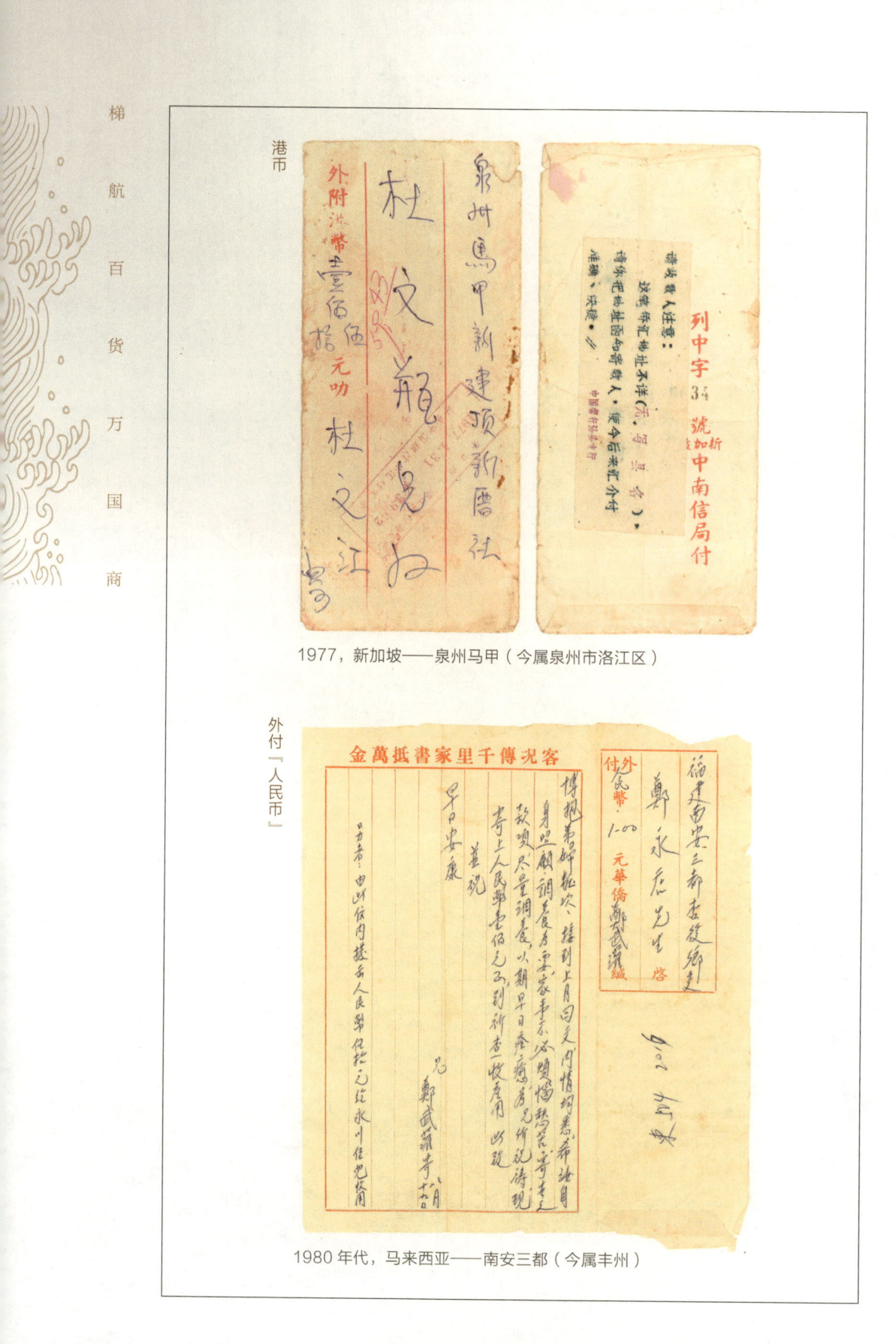

港币

1977，新加坡——泉州马甲（今属泉州市洛江区）

外付"人民币"

1980年代，马来西亚——南安三都（今属丰州）

侨批是华侨移民史、创业史及广大侨胞对所在国和祖国经济社会发展所做贡献的历史真实见证，有着深刻的文化内涵。一封侨批就是一个故事。这条由亲情串起来的海上金融之路，在世界风云变幻中，历尽艰辛，一直顽强地保持着中国与世界各地的金融联系。那一张张华资银行的汇款票单、侨批汇票支票以及由信局渠道传入的侨批，再现了以华资银行、侨批业为主的颇具华人特色的海上金融丝绸之路，彰显了具有浓郁南国特色的国际金融文化。

新加坡华侨银行汇票：1927，新加坡（Singapore）——厦门（Amoy）

说明：华侨银行有限公司（Oversea-Chinese Banking Corporation Ltd.OCBC）。1919年，华人林文庆、黄奕住等联合倡办"新加坡华侨银行"。1932年，华商、和丰、华侨三家银行合并，成立了"新加坡华侨银行有限公司"，总部设在新加坡，在东南亚各地及香港、上海、厦门设立分支行。

和丰银行巴城汇票：
1935，巴城（Batavia）
——厦门（Amoy）

1930年代初新加坡和丰银行全球网络分布图

说明：新加坡和丰银行（Ho Hong Bank）。1917年，新加坡和丰银行由林秉祥、林秉懋兄弟发起创办，总行设在新加坡。该行是东南亚华资银行中发展国际性业务的第一家。在东南亚，在欧美的伦敦、纽约、旧金山，在中国厦门、福州、汕头、北京、上海等地设有分支机构或汇兑处。1932年10月并入新加坡华侨银行有限公司。

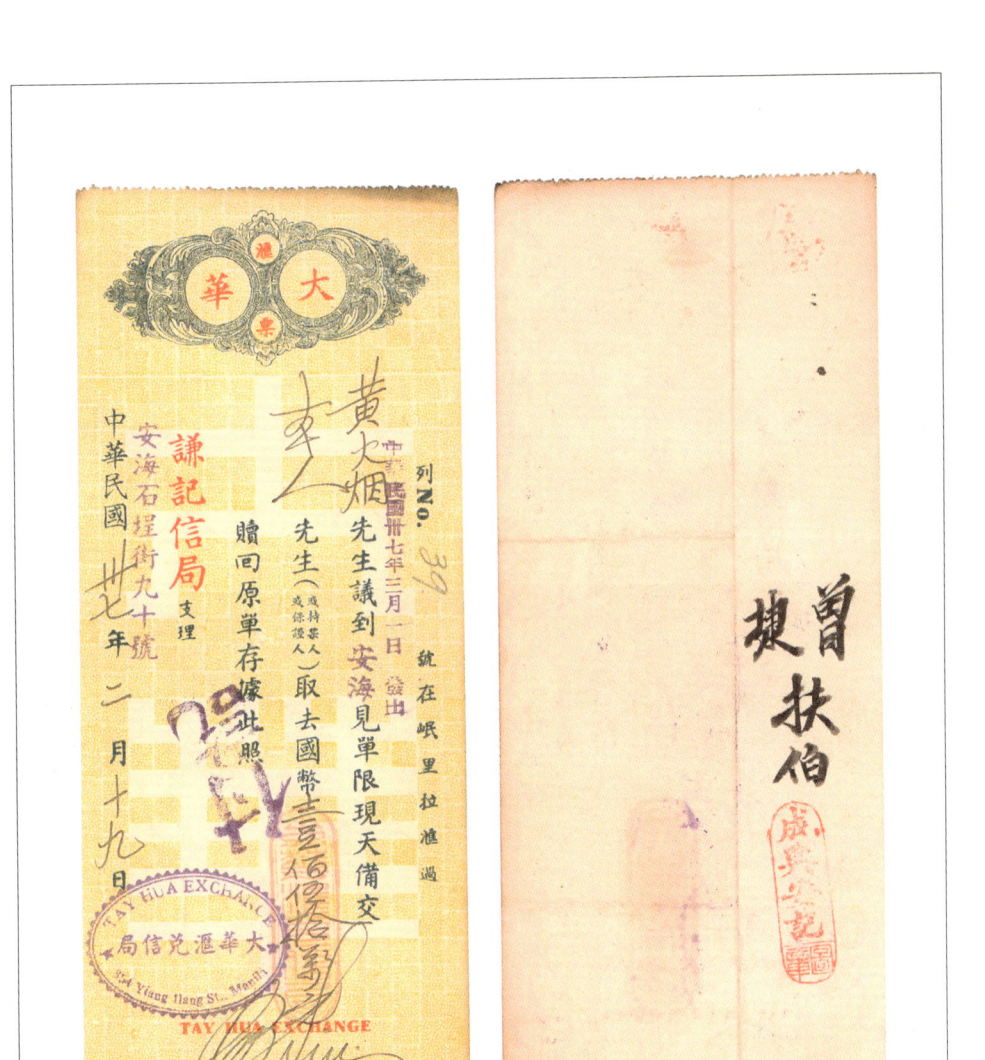

马尼拉大华信局汇票：1948，马尼拉（Manila, P.L.）——晋江安海（Anhai, Jinjiang）

● 昔日鸿来燕往——泉州王顺兴信局

　　侨批业与华人移民息息相关，基于对故乡的认同，对家族的责任与忠诚，华工在东南亚日夜劳作、克勤克俭、努力积攒金钱寄回家。随着带钱次数的增多，有些人就专为人们带款回家，并顺便做些生意，把中国的货物运往南洋销售，或者把南洋的土产运回国内销售，这就是最初的"水客"，也称为南洋客。

　　王顺兴信局遗址，位于泉州市鲤城区浮桥街道王宫社区王宫街39号，被大庭院及几幢护厝包围着。信局，主要包括奇园和船楼两片建筑，地面面积有两三千平方米。王顺兴信局创始人王世碑，原来为泉州市新门外浮桥王宫村人，家无田地，生活贫困，以理发为主，19岁时（1851年，清咸丰元年）到厦门谋发展，在一条往返厦门、小吕宋（菲律宾）的大帆船上当船工。王宫村一带侨居小吕宋的人不少，因为当时没有侨批局，华侨寄信寄款回家，一般是通过返乡的"水客"捎带。王世碑因与来往移民熟

当年的办公大厅

奇园主建筑

悉，常代移民传递书信，信用好，求者甚众。他干脆辞去船工充任水客，后来因业务扩大，于1898年在马尼拉及王宫开办了"王顺兴信局"，主营借款及汇兑业务，系泉州较早的侨批局之一。因业务兴隆，以至于民间流传"听不到王顺兴信局的敲银声，会走霉运"的说法。信局历经百年风雨，见证了华侨酸甜苦辣、血泪沧桑的历史。信局旧址现为福建省级文物保护单位。

● 侨批对家乡建设发展的贡献

"侨批"对近代侨乡经济社会发展确有特殊贡献，海外侨胞通过它寄回大量钱款，赡养了在家乡的众多眷属，促进了家乡经济的繁荣发展；海外侨胞还通过"侨批"捐资赈灾行善，实现报效桑梓的心愿。"侨批"是最真实的历史记录，是记载翔实、内容丰富、语言朴素、感情真挚的"社会经济百科全书"。

20世纪初至30年代，华侨寄回的侨汇和侨资除了赡养家庭外，还用于投资工商业和侨乡建设事业。当时侨乡涌现了泉州、厦门、漳州、汕头、梅县等许多新商埠和一大批中小圩镇，经济上出现了欣欣向荣的景象。许多华侨还汇款兴办侨乡学校，发展侨乡文化教育事业。当时侨乡受教育人数甚多，此外，华侨还在家乡兴办公益事业。侨汇对侨乡的国民经济起了积极的推动作用。

中日战争爆发后，海外华侨和仁人志士积极投身抗日救亡运动，"抵制日货""航空救国"，泉籍爱国华侨李清泉成立"闽侨救乡大会"……海外赤子们出钱出力支援祖国，以实际行动为抗战胜利做出了不可磨灭的贡献。抗战时期的侨批，以平凡的民间视角和生动的细节，再现了那段真实的历史。侨批上不仅记录着侨胞们对故土家人的牵挂，还倾注着对祖国真实诚挚的爱国情怀。

据史料记载，"七七事变"以后，"闽南在南洋谋生之侨胞汇款回国极为踊跃，平均每月达 450 余万元"，到 1937 年 7 月、8 月"竟各达 1000 余万元"，"其中以菲律宾、新加坡两地为巨"，"次为仰光、泗水、爪哇、槟城、苏岛、三宝垄、暹罗、安南等埠。收款分别为晋江、永春、南安、惠安、龙溪、福清等县，均属闽南区域"（见 1937 年 10 月《银行周报》）。侨胞汇款突破历年记录，超过常年的 3 倍。

受战事影响，当时不少公路被阻断，不少邮局也被撤销，侨批业务受到了巨大的影响，直到 1945 年抗战胜利之后，侨批信局恢复。在一封于 1945 年 10 月 18 日由马来亚马六甲寄往同安马巷曾厝社的侨批上，名为陈恩温的海外华侨迫不及待地和自己的妻子林氏分享了抗战胜利的喜悦："日本已投降，交通已恢复，信汇可达。"

中华人民共和国成立以后，人民政府制定了正确的侨务政策和保护侨汇政策，侨乡人民在党和政府的关怀支持下，积极引导侨汇和侨资作为改善侨眷生产、生活条件和社会主义建设的补充资金，把侨乡逐步建设成为初步繁荣的社会主义新侨乡。

■ 闽南沿海土地贫瘠，生存环境与中原有很大差异。闽南人民居住于陆地边缘，千百年来，以海为田、以舟为马，造就了闽南人既有坚韧不拔、敢于冒险的性格，又有着海洋的思维与国际化的视野。从 19 世纪开始，大量闽南泉州华侨华人到东南亚，从对外贸易活动而"住蕃"，转变为华工下南洋，移民拓殖。又从另一个侧面反映了近现代中华民族从陆地走向海洋、从内陆走向世界，从而逐步实现全球化的历史进程。

19 世纪中叶以来，下南洋移民潮而引发了大量侨汇资金的跨国转移，带来了华人族群金融业的产生、演变与发展，推动了庞大的国际金融汇兑业务。伴随着"下南洋"而催生兼有国际邮政和国际汇兑功能的侨批业，以及由于侨批业务引发的华资银行、国际银行的介入，架起了一条由中国通往东南亚、连接欧美的国际"海上金融之路"。这条由亲情串起来的海上金融之路在世界风云变幻中，历尽艰辛，一直顽强地保持着中国与世界各地的金融联系。那一张张华资银行汇票支票以及侨批，见证了闽南泉州人构筑近代华人华侨金融商业网络和推动近现代东南亚国际金融业发展的历程，彰显了具有浓郁南国特色的国际金融文化。此外，侨批也见证了海外华侨报效桑梓，促进国内经济发展的特殊贡献。

参考文献

泉州文库整理出版委员会编，冯承钧点校《诸蕃志校注》，上海辞书出版社，2011。

泉州文库整理出版委员会编，苏继庼点校《岛夷志略校注》，上海辞书出版社，2011。

汶江：《古代中国与亚非地区的海上交通》，四川省社会科学院出版社，1989。

李玉昆：《泉州海外交通史略》，厦门大学出版社，1995。

何逞锋主编《永隆通宝钱范》，中华书局，2005。

李玉昆、李秀梅：《泉州古代海外交通史》，中国广播电视出版社，2006。

李冀平、朱学群、王连茂：《泉州文化与海上丝绸之路》，社会科学文献出版社，2007。

华光普主编《中国古钱大集》，湖南人民出版社，2008。

王永生：《钱币史话》，社会科学文献出版社，2016。

王永生：《纸币史话》，社会科学文献出版社，2016。

王永生：《金银币史话》，社会科学文献出版社，2016。

王永生：《货币文化交流史话》，社会科学文献出版社，2016。

汪圣铎：《两宋货币史》，社会科学文献出版社，2016年。

周卫荣、杨君、黄维：《中国古代银锭科学研究》，科学出版社，2017。

蒋九如主编《台湾货币史略》，中华书局，2017。

后 记

泉州作为海上丝绸之路的起点城市，它展示的海上丝路货币流通与贸易，为我们讲述了一个个生动的"海上丝路"故事，帮我们串起一段段永恒的历史记忆。海上丝绸之路货币与贸易发展的历史，展现了海上丝绸之路贸易往来带给各国人民共享人类精神和物质文明的丰硕成果，折射出人类追求文化包容、民族共存、成果共享、合作共赢的要义。海上丝绸之路涵盖了古今人类社会经济、政治、文化、艺术、宗教等各个方面，是东西方文化乃至世界文明沟通和交流的象征。

进入21世纪，传承和弘扬丝绸之路精神已成为我们的责任和使命。由习近平总书记提出的共建"一带一路"的倡议，顺应了世界多极化、经济全球化、文化多样化的潮流，是一项造福世界各国人民的伟大事业。推动"一带一路"建设，是中国与沿线国家的共同愿望，必将增进沿线各国人民的人文交流与文明互鉴，让各国人民相逢相知、互信互敬，各美其美、美美与共，同享和谐、安宁、富裕、幸福的生活。

本书的撰写出版得到中国钱币博物馆的大力支持，周卫荣馆长在百忙之中为本书作序，该馆还为本书提供了藏品图片。福建省钱币学会也给予了大力支持。中国人民银行泉州市中心支行阮玉盼行长、泉州钱币学会负责人多次召开本书有关研讨会、座谈会，为本书的起草和资料收集提供了良好的工作条件。中国钱币学会杨君副秘书长、泉州市文管办原主任陈鹏鹏研究员作为顾问，为本书的撰写提供了宝贵的修改意见，并提供相关史料丰富了本书内容。

本书编撰过程中，海外交通史专家泉州海外交通史博物馆馆长丁毓玲和原馆长王连茂提出了中肯的修改意见，泉州钱币学会顾问谢志雄提供了部分钱币实物和相关研究资料，泉州钱币学会名誉会长何逯锋和潘用福、兰振辉、李黎琪、曾注明等会员也先后参加了本书编写工作座谈会。

中国钱币博物馆、上海博物馆、海南省博物馆、泉州海外交通史博物馆、泉州市博物馆，江苏省钱币学会义小明，浙江省博物馆研究员李小萍，泉州钱币学会会员曾注明、洪神恩、邓虹东、陈永绸、黄勇以及万冬青、成冬冬等单位和个人也为本书提供了研究货币实物或图片，中国银行泉州分行黄清海提供侨批藏品图片。首都博物馆柳彤审阅了全稿，提出诸多宝贵意见，对书稿框架结构、具体内容的完善、提高贡献尤多。中国社会科学院中国边疆研究所党委书记李国强为本书作了序言。社会科学文献出版社的领导、编辑、译者给予本书以大力支持，提供了重要的帮助和指导。在各方力量的共同努力下，本书数易其稿，最终得以顺利完成。在此，对以上单位和个人的支持和帮助深致谢意！

本书的编辑出版和修订再版，只能算是抛砖引玉之举。海上丝绸之路货币与贸易的研究领域还有很多工作要做，还需要更多的人参与，共同推动和深化海上丝绸之路的研究，进一步弘扬海上丝绸之路精神。因为研究水平有限，时间匆忙，书中难免存在疏漏不足，敬希读者提出宝贵意见。

再版后记

货币产生于商品交换。人类最早的货币可以追溯到货贝，它是一种产于西太平洋、印度洋热带海域的独特海贝，在包括亚洲、非洲、美洲在内的几乎每一块大陆，考古都发现过人类曾使用货贝作为货币。早在先秦，中国也使用货贝作为货币，许多与财富和交易相关的汉字都以"贝"作偏旁，春秋战国以后逐渐被铜铸币所取代，至秦代彻底退出中原的货币领域，但至宋元时期，仍有部分海上丝绸之路沿线国家和地区用货贝作货币。

货币伴随人类文明发展，可以说是最重要的历史实物档案之一。具体而言，货币的大小、轻重、图案、文字，敏感地反映当时的社会、经济、政治、文化、科技等信息，是极为可靠和直接的史料；货币使用历史的连续，能清晰地勾画历史脉络；货币形制统一，且有一定数量基础，成为人们触摸历史、学习历史最好的实物资料之一，中国古代就有"古泉学"（或称"古钱学"），南朝的《钱谱》、南宋的《泉志》、清朝的《吉金所见录》，钱币学还是当今世界一门重要的学科，西班牙曾于2014年邮政发行一套两枚《钱币学》邮票。

贸易离不开货币，研究海上丝绸之路货币，无疑是研究海上丝绸之路贸易及其内涵最佳途径之一。

2016年以来，我们对海上丝绸之路贸易中各个时期、不同地域货币、不同功能货币的实物和史料，进行较为系统的收集和整理，希望透过一枚枚历史货币，串起海上丝绸之路所展现的人类和平友好、增进福祉的贸易往来。我们还将考古发掘的和历史遗存的货币实物与史料相结合，探索货币背后的经济、贸易、社会、文化等各个方面的信息，生动形象地重现海上丝绸之路中东西方文化乃至世界海洋文明交流的盛景。

随着对海上丝绸之路货币研究的不断深入，我们逐渐认识到对海上丝绸之路货币内涵的理解也应该持有开放包容的心态，就像海上丝绸之路贸易中古老的货贝，不仅东南亚、南亚、西亚、非洲等国家地区可以流通使用，就连早已不使用海贝作本国货币的中国商人，也习惯用它进行海上贸易；中国的瓷器和沿线国家和地区的香料，不仅是海上丝绸之路上的"大宗商品"，还在一定程度上承担了货币的职能。这些实物和商品货币的参与，反映了海上丝绸之路货币体系的兼容务实。中国的铜钱则已实现了古代中国货币的"国际化"，不仅成为海上丝绸之路上的硬通货，还成为部分地区的流通货币；中国元代的纸币，对于当时西方人来说还是天方夜谭、点石成金的"新型货币"，也可以在沿线国家地区兑换使用，与不同国家流通的货币有着不同的兑换比例，反映了海上丝绸之路货币的开拓创新。在马可·波罗和伊本·白图泰笔下，在泉州这座海上丝绸之路的商贸中心里，不仅可以使用中国的纸币，也可以使用欧洲的银元采买他们心仪的商品，反映了海上丝绸之路"货币市场"的繁荣发达。这些史实都经过对货币实物和史料记载的翔实、严谨的考证。

随着海上丝绸之路货币体系内容不断丰富，其和谐统一、共同促进海上贸易的内在逻辑也更加鲜明：海上丝绸之路货币所展现的开放包容、和而不同的精神特质，也正是海上丝绸之路的精神要义。海上丝绸之路货币体系，是海上丝绸之路沿线国家地区的"共同体"，它证明了货币的"初心"和"使命"就是满足交易需要、支付需要和推进共同的繁荣进步需要。它还为泉州作为世界遗产城市、中国的世界海洋商贸中心及东方大港提供了大量的宋元时期世界海洋和平贸易的佐证，同时力求以古鉴今，启发当代货币流通管理，更好地把握今天"一带一路"国际货币发展方向。

这次修订再版，得到了社会科学文献出版社的大力支持，得到社会各界人士的关注与厚爱，热心关注和支持"泉州：宋元中国的世界海洋商贸中心"申遗的专家学者提出了中肯的建议，泉州市文化遗产保护促进会黄嘉民先生对本书的再版给予大力支持，在此，对本书再版给予鼓励与支持的有关单位和各方人士，表示诚挚的谢意！

图书在版编目（CIP）数据

梯航百货万国商：海上丝绸之路货币与贸易：泉州/李冀平主编. -- 修订本. -- 北京：社会科学文献出版社，2018.12（2024.1重印）
ISBN 978-7-5201-1883-5

Ⅰ.①梯… Ⅱ.①李… Ⅲ.①海上运输-丝绸之路-历史-泉州 Ⅳ.①K295.73

中国版本图书馆CIP数据核字（2017）第287518号

梯航百货万国商（修订本）
——海上丝绸之路货币与贸易（泉州）

主　　编 / 李冀平
副 主 编 / 陈东方　李玉昆

出 版 人 / 冀祥德
项目统筹 / 宋月华　杨春花
责任编辑 / 范明礼　侯培岭

出　　版	社会科学文献出版社·人文分社（010）59367215 地址：北京市北三环中路甲29号院华龙大厦　邮编：100029 网址：www.ssap.com.cn
发　　行	市场营销中心（010）59367081　59367083
印　　装	三河市东方印刷有限公司
规　　格	开　本：787mm×1092mm　1/16 印　张：13　字　数：307千字
版　　次	2018年12月第1版　2024年1月第2次印刷
书　　号	ISBN 978-7-5201-1883-5
定　　价	148.00元

本书如有印装质量问题，请与读者服务中心（010-59367028）联系

▲ 版权所有 翻印必究